Zeit für 1001 Nacht

Die schönsten Ziele auf der Arabischen Halbinsel

Christian Heeb · Walter M. Weiss

BRUCKMANN

Inhalt

1 Ready for a ride? Touristenkamel vor einem Hotel in Bahrains Hauptstadt Manama. **2** Hölzernes Tor in Khailah, Wadi Hadramaut. **3** Kameldecken im Souvenirshop des Ritz-Carlton in Bahrain. **4** Omanische Beduinenfrau aus der Provinz Sharqiya. **5** Messingleuchter im Hotel Jumeirah Bab Al Shams, Dubai. **6** Innenhof im Hotel The Chedi, Muscat. **7** Am Frühstücksbüfett des Ritz-Carlton in Doha, Katar. **8** Ein scheues Lächeln am Straßenrand, Wadi Doan, Hadramaut. **9** Lagerfeuerromantik in den Wahiba Sands. **10** Standardsuite im Burj al Arab, Dubai. **11** Wasserspender der traditionellen Art im Jumeirah Bab Al Shams. **Seite 1:** Willkommensgruß mit Tee und Datteln im Hotel Ritz-Carlton in Doha, Katar.

Innenräume wie die mit edlen Materialien und in opulenten Farben gestaltete Lobby des Burj al Arab, Dubais berühmtestem Wolkenkratzer, symbolisieren den immensen Wandel, der die Länder der Arabischen Halbinsel in den vergangenen zwei Generationen erfasst hat. Vor allem die ölreichen Golfstaaten mit ihren himmelwärts strebenden Städten, in denen Zuwanderer aus allen Teilen der Welt ihr materielles Glück suchen, gelten als Boomzonen der Globalisierung. Allzu eindimensional darf man die Entwicklung freilich nicht betrachten. Denn die Einheimischen pflegen bei aller Liebe zu schnellen Autos und anderen Hightechspielereien sehr wohl und ganz bewusst die Traditionen und Werte der Altvorderen. Man denke nur an ihre sprichwörtliche Gastfreundschaft oder ihre Passion für Falken und Kamele. Außerdem muss man nur ein Stück weit in die Oasen des Hinterlands fahren. Dort ist der Alltag der Menschen noch im altgewohnten Andante der Beduinen zu erleben.

Die Magie der Kontraste

Unterwegs zwischen Übermorgenland und Altem Orient

Es war eine jener Begegnungen, wie man sie damals wohl nur in einem mit Öl gesegneten Land des Orients erleben konnte: Ende der achtziger Jahre war ich eines Abends von der Wüste zurück nach Dubai gefahren. Ich hatte bereits den südwestlichen Stadtrand erreicht, als aus der Nachtschwärze plötzlich ein grellbuntes Gebilde auftauchte. Es war eine Erscheinung wie aus Tausendundeiner Nacht, einem leuchtenden Wasserfall gleich. Am Morgen hatte es geregnet, so unvermutet und heftig, wie es nur in der Wüste regnen kann. Die vom Salz weißen Sandflächen rund um die Stadt hatten sich in riesige Seen verwandelt. Jetzt wirkten die Wasserflächen wie Spiegel, die die Lichterflut noch verdoppelten.

1

Erst beim Näherkommen erkannte ich ein gewaltiges Gebäude, das von einem Netz aus Abertausenden farbigen Glühbirnen überzogen war. Am Fuß dieses vermeintlichen Wasserfalls, am Ufer der Seen, ankerte eine riesige Wagenflotte – edle Limousinen vorwiegend deutscher Provenienz. Sie funkelten wie galaktisches Spielzeug, das unvermutet von der Milchstraße herab an den Rand der Wüste gefallen war. Neben den Wagen, auf einem weiten Platz, standen mehrere große Zelte. Davor saßen, teils auf Teppichen, teils im Sand, Beduinen: die Männer mit Kopftüchern und in schlichten, schneeweißen Kleidern, den traditionellen Dischdaschas, die Frauen in prunkvollen Stickgewändern. Manche hockten still und reglos da, wie Wanderfalken vor der Jagd. Andere pafften Wasserpfeifen und verloren sich in Erzählungen. Alle nippten von Zeit zu Zeit an winzigen Schälchen kochend heißen Kaffees.

Kaum hatte ich den Platz betreten, war ich auch schon eingeladen. Meine Gastgeber waren liebenswürdige und mitteilsame Männer. Unentwegt reichten sie mir klebriges Naschwerk. Unentwegt kramten sie in ihrem Gedächtnis nach Worten, denn sie sprachen kaum besser Englisch als ich Arabisch. So entnahm ich ihren Gesten, dass alle Anwesenden Gäste bei einer Hochzeit waren. Eine Tochter aus dem Clan der Maktoum, der vielhundertköpfigen Herrscherfamilie von Dubai, wurde verheiratet. Den fünften Abend nun schon feierten im Palast die Angehörigen und auf dem Vorplatz die aus dem ganzen Land herbeigeströmten Untertanen.

Manchmal, wenn sich uns Sitzenden jemand näherte, wurde unser pantomimischer Dialog unterbrochen. Einige Männer standen dann auf und rieben ihre Nase kurz, aber herzhaft an jener des Neuankömmlings. Plötzlich stimmte jemand ein Lied an. Es klang wie das Stöhnen eines maladen Kamels. Die Umsitzenden fielen mit kehligen Stimmen ein. Bald standen die Männer einander in zwei Reihen gegenüber. Sie wippten, die Arme um die Schultern des Nächsten geschlungen, mit den Hüften vor und zurück und stampften rhythmisch in den Sand. Mit ihren Kamelstecken, dünnen, gekrümmten Stäben aus Bambus, malten sie dabei magische Zeichen in die Luft. Die Frauen wiegten ihre Köpfe so, dass ihre lange Haarpracht im Takt der Gesänge hin und her wogte. Immer wieder einmal hupte sich eine Luxuskarosse im Schritttempo ihren Weg durch die Schar der Gäste, der Chauffeur mit einer glitzernden Rolex am Handgelenk und dem Autotelefon am Ohr.

Auf den ersten Blick scheinen die Bewohner Dubais, wie jene der Vereinigten Emirate, voll und ganz im 21. Jahrhundert zu leben. Spaliere glitzernder Wolkenkratzer, hypermoderne Shopping und Entertainment Malls und massenweise teure SUVs prägen das Stadtbild. Neuestes Hightech ist für die meisten unverzichtbarer Bestandteil ihres Alltags. Zugleich ist die Gesellschaft, dies offenbart sich nicht nur bei Hochzeiten, noch tief in ihren beduinischen Stammesstrukturen verwurzelt. So definiert sich die Stellung des Einzelnen wie auch die der Familie vorrangig aus dem Rang des Clans, dem sie angehören. Söhne und Töchter werden weiterhin bevorzugt innerhalb des Stammes und hauptsächlich nach wirt-

4

5

schaftlichem Kalkül verheiratet. Zwar begegnet man Anhängern anderer Religionen weitaus liberaler als etwa in Saudi-Arabien, wo selbst das Abhalten einer Messe innerhalb der eigenen vier Wände unter Strafe steht, doch das öffentliche wie auch private Leben der Einheimischen regelt nach wie vor maßgeblich der Islam, wie er dem Propheten Mohammed im 7. Jahrhundert offenbart wurde und seither im Koran festgeschrieben steht.

1 und **4** Ein Schälchen Mokka und eine Falkenschau für die Neuankömmlinge im Hotel Jumeirah Bab Al Shams, Dubai. **2** Zeitlose Szene am Stadtrand von Dubai. **3** Beduinenfrau in der omanischen Nordostprovinz Sharqiya. **5** Vierradangetrieben unterwegs in den Wahiba Sands, Oman.

Noch vor kaum mehr als einer Generation, in den frühen siebziger Jahren, war das Land eine wenig erschlossene, von knapp 300 000 Beduinen bevölkerte Wüstenei. Die Briten hatten sich nach mehr

1

2

als 200 Jahre währender Hegemonie soeben aus der Region zurückgezogen, und die vormals verfeindeten Herrscher von Abu Dhabi, Dubai, Sharjah, Ras al Khaimah, Fujairah, Ajman und Umm al Qaiwain hatten sich zum Schutz vor Saudi-Arabien, dem mächtigen Nachbarn im Süden, zu einer Föderation vereint. Die kommerzielle Ölförderung war erst wenige Jahre alt. Gerade wurden die ersten Schulen, Spitäler und Wasserleitungen gebaut. Asphaltstraßen waren eine Seltenheit, Restaurants oder gar Hotels für Urlauber nicht vorhanden.

Seit jener Pionierzeit hat sich so ziemlich alles geändert. Die schlichten Palmenwedelhütten wurden von gläsernen Wolkenkratzergebirgen verdrängt. Uralte Karawanenpfade haben sich in mehrspurige Highways verwandelt. Und dichte Geflechte aus Ölleitungen, Bohr- und Verladeinseln bedecken jene Reviere im Arabischen Golf, in denen die letzte Beduinengeneration noch nach Perlen tauchte. Zudem setzt das Land, um seine Wirtschaft vom Öl unabhängiger zu machen, auf eine Zukunft als Topdestination des internationalen Tourismus. In Dubai und in jüngster Zeit auch in Abu Dhabi sind Hunderte Luxusherbergen entstanden und in deren Umfeld Einkaufszentren, Themenparks und Kunstmuseen sowie Sport- und maritime Einrichtungen, die Infrastruktur für ein gigantisches ganzjähriges Freizeit- und Unterhaltungsangebot.

Die beiden Metropolen sind freilich nicht die einzigen urbanen »Perlen in der Wüste«. Ein Stück weiter westlich verfolgen Bahrain, Katar und Kuwait einen ähnlichen Weg. Die unabhängigen Scheichtümer verdanken ihren heutigen Wohlstand ebenfalls weitgehend dem Erdöl. Doch in Bahrain ist das schwarze Gold schon fast versiegt. Manama, die Hauptstadt des kleinen Inselreichs, hat sich längst als internationales Finanzzentrum profiliert. Katars Metropole Doha macht durch ihre unabhängigen Medien und ihr erfolgreiches Industrialisierungsprogramm von sich reden. Und Kuwait-Stadt wird sicher noch Jahrzehnte von den Ölmilliarden leben können. Dennoch trachten alle drei Scheichtümer danach – seit einigen Jahren mit Erfolg – auch im Tourismusgeschäft Fuß zu fassen.

Deutlich langsamer entwickelte sich das im Osten der Halbinsel gelegene Sultanat Oman. Dessen Herrscher, Sultan Qabus, schuf durch eine besonnene Modernisierung ein besonders sympathisches, weil in sich ruhendes, arabisches Musterland. So verwöhnt auch hier eine stark expandierende Hotellerie ihre Gäste mit allem erdenklichen Luxus. Doch Omans wertvollste Markenzeichen sind

1 Unter der zentralen Kuppel im Eingangsbereich des Emirates Palace Hotel, Abu Dhabi. **2** Entree des Burj al Arab an Dubais Jumeirah Beach. **3** Lichtspender in der Wilderness Ökolodge, Wadi Faynan, Jordanien. **4** Die Lobby des Hotel Al Hosn bei Muscat. **5** Unterwasserpanorama im Restaurant Al Ghawas, Burj al Arab.

seine grandiosen Landschaften und seine ebenso weltoffene wie traditionsbewusste Bevölkerung. Letztere pflegt mit gesundem Selbstbewusstsein das geistige Erbe eines überseeischen Handelsimperiums, das im 19. Jahrhundert von Ostafrika bis nach Pakistan reichte. Und Omans Natur umfasst sowohl blühende Oasen, Dreitausendergipfel und norwegisch anmutende Fjorde als auch Mangrovenhaine, schluchtartige Wadis mit Wasserfällen sowie eine Bilderbuchwüste.

Auch das 2000 Kilometer entfernte Jordanien im Nordwesten beschämt jeden Neuankömmling, der nur eine öde Wüstenei erwartet hat, schon beim ersten Lokalaugenschein mit einem enormen landschaftlichen Reichtum: wildromantischen Canyons und mediterran-grünen Hügeln, der bizarren Salzszenerie des Toten und dem glasklaren Wasser des Roten Meeres mit seinen ausgedehnten Korallenriffen und einer Fauna, die das Herz eines jeden Tauchers höher schlagen lässt. Nicht minder reizvoll und oft ebenso ungeahnt ist die kulturelle Vielfalt, mit der das Haschemitische Königreich seinen Gästen aufwartet: Jordaniens Erde bildet seit über neun Jahrtausenden einen ungemein fruchtbaren Nährboden für zahllose Zivilisationen. Was diese der Nachwelt hinterlassen haben, seien es Wüstenschlösser, grandiose Tempelanlagen oder gar eine ganze Felsenstadt wie das antike Petra, gehört ohne Zweifel zu den ganz großen Kunstdenkmälern der Menschheitsgeschichte.

Was jeden Jordanienreisenden zusätzlich positiv überrascht, ist die unkomplizierte Art, auf die sich zwischen der Hauptstadt Amman und Aqaba im Süden beziehungsweise dem Dreiländereck mit Syrien und Israel im äußersten Norden reisen lässt. Der Mietwagen rollt über breite, tadellose Asphaltstraßen. Die Hotels sind, zumindest ab der Mittelklasse und in den touristischen Zentren, sauber und komfortabel. Und die Menschen begegnen Fremden so gastfreundlich, als würde es noch eines Beweises bedürfen, dass der Wunsch, jemanden in die Wüste zu schicken oder über den Jordan gehen zu lassen, durchaus wohl gemeint sein kann.

Wiederum anders und nicht minder reizvoll präsentiert sich, ganz im Süden der Arabischen Halbinsel, der Jemen. Hier entsprechen,

1

2

3

4

5

jedenfalls außerhalb der Hauptstadt Sanaa, nur wenige Hotels und Restaurants dem westlichen Standard. Viele Straßen sind unbefestigt. Und die Sicherheitssituation ist mancherorts, ganz besonders rund um die antike Ruinenstatt Marib, im Wadi Hadramaut und in der Nordprovinz Saada, prekär. All dies mag jene Urlauber, die auf Komfort nicht verzichten möchten und Pauschalreisen bevorzugen, abschrecken. Wer hingegen mit solchen Widrigkeiten umgehen kann, wird dieses Land lieben, zumal die Jemeniten ihren Mangel an Ordnungssinn durch einen Überfluss an Charme und Gastfreundschaft mehr als wettmachen. Zudem werden Reisende mit spektakulären Landschaften und mit einem unvergleichlich archaischen Ambiente reichlich belohnt. An einem einzigen Tag kann man – tunlichst im klimatisierten Geländewagen – zuerst in der Küstenebene Tihama durch eine Art Savanne rollen, später auf einer der haarnadelkurvigen Passstraßen durch zerklüftete Canyons den bis über 3700 Meter hohen Gipfeln entgegenstreben und schließlich wieder hinabrollen in die grandiose Öde am Rand der Rub al Khali. In den Herzen der alten Städte im Bergjemen wie Hadscha, Dschibbla, Ibb oder Taizz findet man Basare, gegenüber denen selbst die ursprünglichsten Winkel in Marokko oder Ägypten wie profane Bühnenkulissen anmuten. Und die Ensembles jahrhundertealter Hochhäuser in den Altstädten von Schibam oder von Sanaa, das Pier Paolo Pasolini mit gutem Grund als »Venedig im Sand« bezeichnete, zählen zu den großen architektonischen Sensationen dieser Welt.

Die Geburten- und die Analphabetenrate unter den derzeit 23 Millionen Jemeniten ist hoch, die Armut groß, die Versorgung mit Medizin und sauberem Wasser vielerorts schlecht, der Plastikmüll in den Ballungsräumen dafür allgegenwärtig. Doch nicht nur das Entwicklungsland Jemen, selbst ein idyllisches Musterland wie der Oman kämpft mit mancherlei Schwierigkeiten: Seine Landwirtschaft zum Beispiel, die Fischerei und auch die Schifffahrt, ehemals tragende Säulen der Ökonomie, sind weitgehend bedeutungslos geworden. Viele der *Falaj,* der alten, raffiniert ausgeklügelten unterirdischen Bewässerungsanlagen, sind verfallen, nicht wenige Oasen ungepflegt. Auch die beduinische Tierhaltung gibt es kaum mehr. Der Fleischbedarf wird überwiegend durch Importe gedeckt. Die einst berühmten Gold- und Silberschmiede haben ihre Arbeit an indische und kaschmirische Spezialisten, die billiger und kunstvoller produzieren, abgetreten. Auch die traditionellen Langhemden *(dischdascha)* und die Krummdolche *(khanjar)* werden mittlerweile aus modernen Werkstoffen in südostasiatischen Ateliers hergestellt. Die Bevölkerung des Sultanats Oman zählt zwar nur drei Millionen, doch sie wächst um 3,3 Prozent pro Jahr. Und der Wasserbedarf, vor allem in der Landwirtschaft, steigt bedenklich schnell.

Auch wer in Dubai einen etwas genaueren Blick hinter die glitzernden Fassaden wirft, kann Problemzonen erkennen: Der Straßenverkehr zeigt untrügliche Anzeichen eines baldigen Kollaps. Mit gutem Grund baut man zur Entlastung mit Hochdruck eine Metro auf Stelzen. Angesichts der ungehemmten Expansion nimmt es auch kein Wunder, dass die in der Wüste besonders verletzliche Umwelt

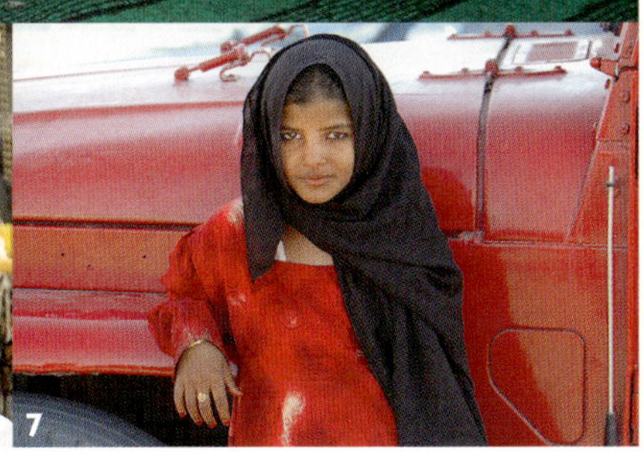

1 Männliche Initiation auf Jemenitisch mittels Krummdolch. **2** Beduinenmädchen noch ohne Gesichtsverhüllung. **3** Familienidyll in der Altstadt Sanaas. **4**, **5** und **7** Seniorbeduine, Burqaträgerin und Mädchen aus der Provinz Sharqiya, Oman. **6** Händler im Alten Suq von Sayun, Hadramaut. **8** Früh übt sich: Nachwuchsreiter im Wadi Dhar, Jemen.

arg unter der Versiegelung der Böden, den Abgasen und der rapiden Einengung der Lebensräume für Fauna und Flora leidet. Ökologisches Bewusstsein würde auch am Golf, gelinde gesagt, eine Vertiefung vertragen. Gar nicht zu reden von den dramatischen wirtschaftlichen Verwerfungen infolge der 2008 mit voller Wucht ausgebrochenen Kredit- und Immobilienkrise!

Heikel erscheint schließlich auch die soziale Balance. Die Gesellschaften der Stadtstaaten an der südlichen Golfküste – und in allerdings weit geringerem Maße auch Omans – sind multiethnisch auf eine besondere Weise: Von den 1,6 Millionen Einwohnern Dubais etwa gilt nur jeder sechste als Einheimischer. Geschätzte 85 Prozent sind Zugezogene, vornehmlich aus Asien, Afrika und den umliegenden arabischen Ländern. Die Arbeitsteilung ist klar definiert: Die Staatsbürger sind in der Regel von der Notwendigkeit, einfacher Lohnarbeit nachzugehen, verschont, sitzen indes an den Schalthebeln von Wirtschaft und Politik. Unter ihnen folgen in der hierarchischen Pyramide die Regierungsberater, Banker und Hotelfachleute aus Nordamerika und Westeuropa. Ärzte, Lehrer und Ingenieure kommen häufig aus arabischen Bruderstaaten, die Händler aus dem Iran und aus Indien. Das Heer der Bauarbeiter, Handwerker, Hausangestellten und anderen niederen Dienstleister aber, ohne die der Bau- und Tourismusboom nicht möglich wäre, stammt fast zur Gänze aus Asien – von den Philippinen, aus Sri Lanka, Bangladesch und vor allem vom Subkontinent. Das Gros dieser *Expats* ist gegenüber den *Nationals* absolut unterprivilegiert und unterbezahlt. Sie arbeiten, zahlen Steuern und haben nach Erreichen des Rentenalters oder wenn sie ihren Job verlieren, das Land wieder zu verlassen. Von der Möglichkeit der Einbürgerung – keine Rede. Dass dieses Ungleichgewicht längerfristig aufrechtzuerhalten ist, halten Fachleute für zweifelhaft.

Ein anderes Kernproblem des geopolitischen Großraums hingegen scheint weder in Dubai noch in den anderen Stadtstaaten am Golf und im Oman eines zu sein. Im Irak mögen bürgerkriegsähnliche Zustände herrschen, Israelis und Palästinenser mögen sich heftig befehden, der Libanon mag am Rande des politischen Abgrunds taumeln und der große Nachbar Iran im diplomatischen Dauerclinch mit dem Westen liegen, an den südlichen Gestaden des Golfes aber herrscht tiefer Friede. Oder, wie es ein Diplomat metaphorisch formulierte: »Diese Länder schwimmen wie Korken auf bewegter See.« Selbst von Terroranschlägen blieben sie bislang, gottlob!, weitgehend verschont. Die Chancen stehen also ausgezeichnet, dass die Urlauberströme in Richtung dieser faszinierenden »Schönwetterecke« der arabischen Welt weiterhin mächtig anschwellen. Dubai allein rechnet im Jahr 2015 mit mindestens 15 Millionen Gästen. Ein fürwahr ehrgeiziges Ziel, freilich ein durchaus realistisches, zieht man in Betracht, was man hier auf touristischem Gebiet in den letzten Jahren zu leisten imstande war.

Vereinigte Arabische Emirate

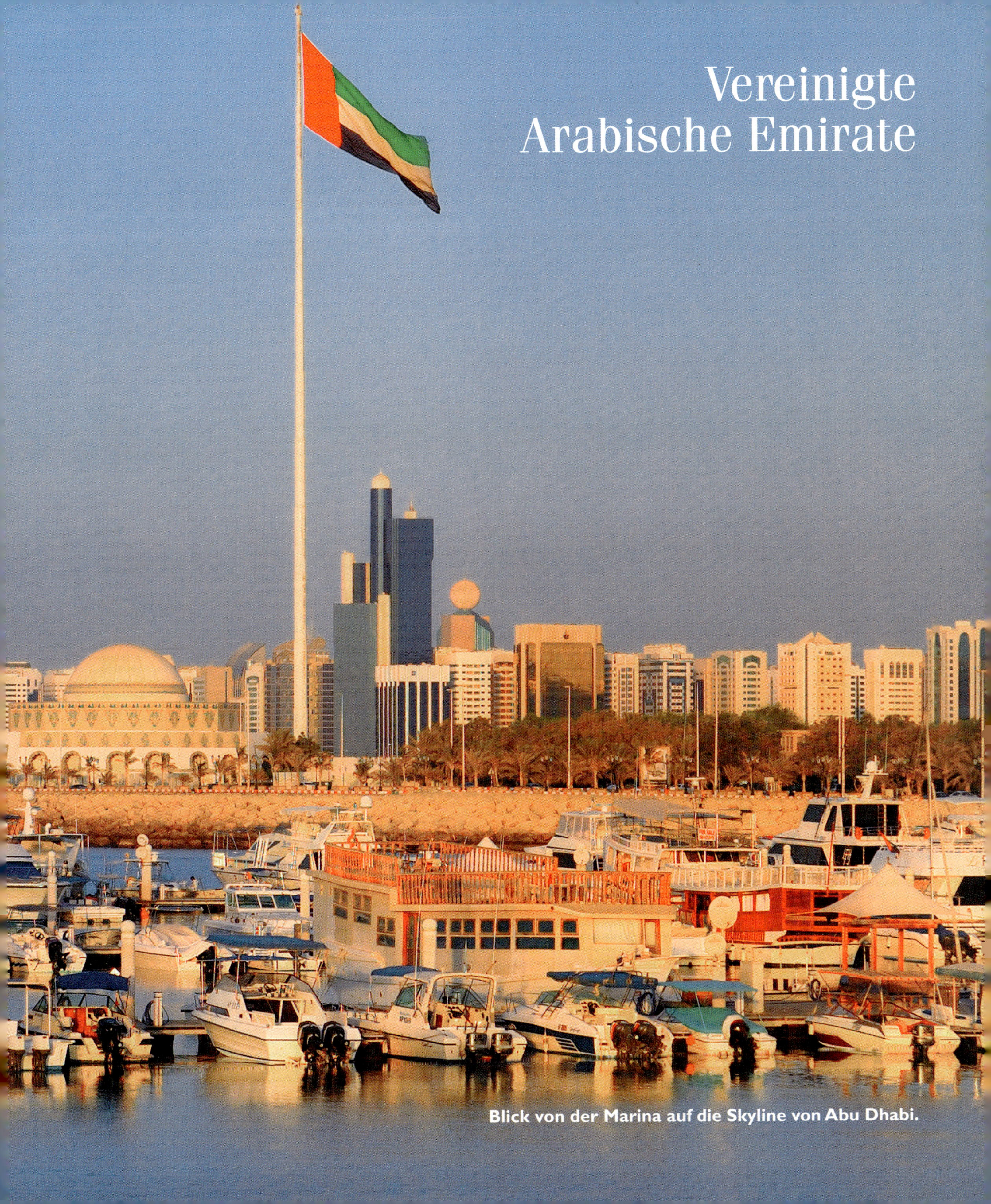

Blick von der Marina auf die Skyline von Abu Dhabi.

1

2

3

4

Willkommen im Übermorgenland

Dubai – Boomtown in einer globalisierten Welt

Die örtliche Herrscherfamilie hat der Stadt eine hypermoderne Infrastruktur verpasst und sie zu einem Hotspot des internationalen Tourismus ausgebaut. Eine Mustermetropole der Zukunft, die freilich manche Wurzeln in die Vergangenheit sorgsam pflegt.

Sähe man nicht im Zentrum des Schwarz-Weiß-Fotos den Creek, jenen Meeresarm, der, mehrfach gewunden, gut zehn Kilometer weit ins Landesinnere hineinragt, würde man glauben, zwei verschiedene Städte zu betrachten. Auf der Luftaufnahme von Dubai aus den 1960er Jahren sind entlang den Ufern des Creek in lockerer Bebauung einstöckige Häuser zu sehen, dazwischen ein paar der typischen Windtürme, archaische Klimaanlagen, die jeden kleinsten Lufthauch ins Innere der Gebäude leiten, viel freier Sand, aber weder Asphaltflächen noch Autos. Eine gute Generation später eröffnet dieselbe Perspektive den Blick auf eine Metropole wie aus einem amerikanischen Traum. Auf beiden Seiten des Wassers türmen sich Gebirge aus Glas und Beton. Zu ihren Füßen ziehen Karawanen von Luxuslimousinen über vielspurige Schnellstraßen. Und am Küstenhorizont ragen dichte Wälder von Wolkenkratzern und Baukränen in den Himmel. Noch futuristischer wirkt die Metropole beim Blick aus dem Flugzeug während des nächtlichen Landeanflugs. Da lodern bereits weit draußen im Meer helle Inseln – die Ölplattformen. Die Küste ist in ein Lichtermeer aus Industrieanlagen, Häfen und Highways, Villen und Hochhäusern getaucht. Und in den letzten Sekunden vor dem Aufsetzen der Maschine breitet sich unter einem eine geradezu utopische Filmkulisse aus: hochhaushohe, bunt schimmernde Glaskuben, postmoderne Marmortorten, neobarocke Büropaläste aus Tausendundeiner Nacht … die bombastischen Denkmäler einer vor Ehrgeiz schier berstenden Wüstenstadt.

Das Panorama suggeriert, hier handle es sich um eine Stadt, die auf ihrer rasenden Fahrt in Richtung Zukunft ihre Vergangenheit völlig aus den Augen verloren hat. Doch am Westufer des Creek, im sogenannten Bastakiya-Viertel, stehen noch einige jener sandfarbenen Paläste aus Korallenstein, die sich die Händlerkönige aus dem Iran, aus Indien und Belutschistan Mitte des vorigen Jahrhunderts, als die »Waffenstillstandsverträge« zwischen den Briten und den

1 Vollmond über dem Sheraton am Dubai Creek. **2** Armbänder im Goldsuq von Deira. **3** Modegeschäft im Suq von Deira. **4** Ein Fischer versucht am Dubai Creek vor der Skyline des Ostufers sein Glück.

1 Das futuristische Klubhaus des Creek-Golfclubs von Dubai. **2** Eine Abra, ein Fährboot, mit Touristen am Creek. **3** Ausflugsboot vor der Silhouette von Deira. **4** Filiale einer iranischen Bank in Bur Dubai. **5** Dubais größtes Gotteshaus – die Jumeirah-Moschee an der Beach Road. **6** Alte Holzboote im Al-Fahidi-Fort.

örtlichen Beduinen endlich eine halbwegs friedvolle Zukunft verhießen, dort hingestellt haben. Sogar ein paar alte Windtürme haben sich erhalten, mit denen sich die hitzegeplagten Bewohner in den Sommern vor Erfindung der Aircondition einen leisen, kühlenden Lufthauch ins Innere des Hauses holen konnten.

Ein besonderes Prachtstück historischer Architektur steht ein Stück meerwärts, im Bezirk Shindagha: Der Palast von Scheich Said al Maktoum, der Dubai von 1912 bis 1958 regierte, wurde, authentisch und mit größter Sorgfalt, rekonstruiert und erglänzt nun allabendlich im Scheinwerferlicht. Nebenan ist ein Museumsdorf, das »Heritage und Diving Village«, entstanden – eine Art Freiluft-Folklore-Schau, die der jungen Generation das kulturelle Erbe ihrer Väter und Mütter, vom Teppichknüpfen und Perlentauchen bis zum Bau von Ziehbrunnen und Palmenhäusern, veranschaulicht. Und nahebei hat man kürzlich im Rahmen eines viele Millionen Euro

5

6

teuren Restaurierungs-Programms mehr als zwei Dutzend traditionelle Häuser aus Korallenstein – einen ganzen von Sikkas, den malerischen, schmalen Gassen, durchzogenen Wohnbezirk – in ihren ursprünglichen Zustand wieder hergestellt.

Die touristische Hauptattraktion des Bezirks bildet das Dubai-Museum. Es ist im Al-Fahidi-Fort untergebracht, jenem 1787 erbauten und damit ältesten Gebäude der Stadt, das ursprünglich den Zugang nach Dubai von der Landseite her schützte und später nacheinander als Palast, als Garnison und auch als Gefängnis diente. Nach seiner Sanierung Anfang der 1970er Jahre barg es hinter seinem prächtig geschnitzten, hölzernen Tor nur einige Vitrinen mit Silberschmuck, Trachten und Kamelsätteln, archaischen Waffen und Musikinstrumenten. Im Innenhof waren eine aus Palmenwedeln errichtete Barastihütte, ein paar traditionelle Boote und zwei, drei rostige, von den Portugiesen geerbte Kanonen ausgestellt. Inzwischen wurde die Anlage um einen unterirdischen Annex, eine Art begehbares Kompendium der beduinischen Alltagskultur, maßgeblich erweitert. Dort wandelt man durch einen lebensecht nachgestalteten Basar, erhält Einblicke in vielerlei Werkstätten und Läden und bekommt mit modernsten didaktischen Methoden vor Augen geführt, wie Dhauen gebaut und Dattelhaine gepflegt, wie Fische gefangen und Falken gezüchtet werden, wie einst Kinderspiele und Koranstunden abliefen und wie der Perlenhandel und die Bewässerungssysteme funktionierten.

Auch am östlichen Ufer des Creek existieren noch Inseln im Strom der Zeit: Wer von Bur Dubai für zehn Fils, umgerechnet eine Handvoll Cent, auf einer »abra«, einem der herrlich altmodischen Wassertaxis, in den Stadtteil Deira übersetzt, landet an der Mole des alten Cargo-Umschlagplatzes. Dort schaukeln zwischen Schleppern und schnittigen Kabinenjachten noch Dutzende Dhauen in den Wellen – jene dickbauchigen, hölzernen Schiffe mit dem überhohen Heck, auf denen die Araber seit alters ihre Frachten befördern und deren kunstvolle Herstellung man in den Werften des Hafenbezirks Al Hamriya noch bewundern kann.

Wo die Dhauen am Ufer vertäut sind, verkünden krakelige Lettern, mit Kreide auf kleine Täfelchen geschrieben, das Ziel der nächsten Fahrt – nach Bahrain oder Bombay, Aden oder Sansibar. Ladungen werden gelöscht, andere herbeigeschleppt, Ballen und Kisten zu

1 Prunkadresse im European Style. **2** Hinter dieser Spiegelfassade wird mit Diamanten gehandelt. **3** Eine Monumentalstatue zu Ehren des treuen Gefährten der Beduinen. **4** Sabkha Abra Station – eine der Anlegestellen für die Fährboote am Creek. **5** Der Suq von Deira mutet vergleichsweise altertümlich an.

Bergen gestapelt. Es ist laut, geschäftig, riecht nach Schweiß, Salz, Abfall und Dieselöl. Manchmal jedoch weht der Duft von Muskat, Koriander oder Zimt über den Kai. Wer ihm folgt, findet sich nach wenigen Schritten in einem traditionellen, komplett überdachten Basar, wie man ihn in dieser ansonsten so hypermodernen Stadt wohl nicht erwartet hätte. Seine malerischen kleinen Läden ködern neugierige Flaneure mit allerlei exotischen Kräutern und Gewürzen, mit Wasserpfeifen, Stoffen und Antiquitäten.

Und nur wenige Gassen weiter liegt jener »Markt«, der im Wirtschaftsgefüge dieser »Boomtown« immer noch eine Schlüsselrolle spielt und auch Touristen magisch anzieht – der Goldsuq. In seinen etwa 200 schmalen Läden lagern, so sagt die Statistik des »World Gold Council«, durchschnittlich zehn Tonnen Goldschmuck. Er wird nach Gewicht verkauft, zu Preisen, die so niedrig sind wie nirgendwo sonst auf der Welt.

Verlaufen kann man sich in den Suqs von Deira kaum. Ihre vier Parallelstraßen und die paar Quergässchen bilden nicht gerade ein Labyrinth. Auch der alte Suq von Dubai am gegenüberliegenden Ufer des Creek besteht gerade mal aus einer einzigen, 300 Meter langen Ladenstraße und ein paar angegrauten Kontoren. Bis zum Zweiten Weltkrieg wurde hier ein Großteil der Überseegüter umgeschlagen, heute betreiben hier Inder und Pakistani Nähwerkstätten und Engroslager für Stoffe und Kleider.

In Zeiten der ungebremsten Globalisierung stellt die Hauptstadt des gleichnamigen Emirats mit ihrer hypermodernen Skyline und überbordenden Geschäftigkeit bezüglich Wachstumsraten und internationaler Medienpräsenz sämtliche altehrwürdige Metropolen des Orients, von Kairo über Jerusalem und Damaskus bis Istanbul, mühelos in den Schatten. Was hingegen das Alter betrifft, kann sie solchen »Konkurrenten« keineswegs das Wasser reichen. Zwar vermuten Archäologen, dass die Gegend um den Creek schon vor 3000 Jahren Wüstenkarawanen und Seefahrern als Handelsplatz diente. Politische Bedeutung erlangte Dubai jedoch erst in den dreißiger Jahren des 19. Jahrhunderts. In dieser Zeit siedeln sich

4

5

800 Männer aus dem benachbarten Abu Dhabi in dem winzigen Fischerdorf an und gründen unter Führung eines Mitglieds der noch heute regierenden Maktoum-Familie ein unabhängiges Scheichtum. Bald darauf schließen die Engländer, die seit Längerem den Schiffsverkehr zwischen Basra und der Straße von Hormus kontrollieren und ständigen Attacken der Beduinen ausgesetzt sind, einen Schutzvertrag mit den Stammesfürsten.

Unter den gesicherten Verhältnissen ziehen Händler aus Indien, dem Iran und Belutschistan zu. Sie bauen die ersten Häuser und Windtürme aus Korallenstein. Haupteinnahmequelle in jenen Jahrzehnten ist der Export von Perlen. An den Gestaden Dubais tauchen in den Sommern über 7000 Einheimische danach, ausgerüstet mit knöchernen Nasenklemmen und wächsernen Ohrenstöpseln – Requisiten, die man heute nur noch im Stadtmuseum findet. Trotzdem hatte jener britische Chronist, der damals prophezeite, die Küste würde entvölkert, sobald der Nachschub an Perlen versiegt, nicht ganz recht. Denn als Ende der zwanziger Jahre japanische Zuchtperlen den Markt überschwemmen, hat Dubai längst vorgesorgt. Schon Jahre vorher hatte Scheich Maktoum von den Briten die Zusage erwirkt, dass deren Frachtdampfer auf dem Weg zwischen Basra und dem Subkontinent künftig ausnahmslos in seinem Hafen Halt machen. Worauf dieser zum zentralen Warenlager im östlichen Golf avanciert.

Und Ende der sechziger Jahre beginnt dann das Öl zu sprudeln. Der Modernisierungsschub setzt mit voller Kraft ein. 1971 ziehen die Briten ab. Sechs Scheichtümer der Region, nämlich Abu Dhabi, Dubai, Sharjah, Umm al Qaiwain, Ajman und Fujairah (sowie, ein Jahr später, auch Ras al Khaimah) schließen sich zu den Vereinigten Arabischen Emiraten zusammen. Unter dem Wüstenboden und vor der Küste des neuen Bundesstaates lagern, so stellt sich alsbald heraus, mehr als 100 Milliarden Barrel Öl und dazu 600 Milliarden Kubikmeter Erdgas. Bei gleichbleibendem Fördervolumen reichen sie noch für mindestens 100 Jahre.

Mit Abu Dhabi, der gerade eineinhalb Autostunden weiter südwestlich gelegenen Hauptstadt der noch jungen Föderation, bildet Dubai ein Brüderpaar, wie es sich in der Familie der arabischen Städte seltsamer wohl kaum finden lässt: Abu Dhabi war vor drei Jahrzehnten noch ein schmächtiger Kerl, der sein Dasein auf einer

1 Twin Towers am Kai von Deira. **2** In der Ibn Battuta Mall fühlt sich jeder Kunde als König. **3** »Dinner is ready« auf dem Rundfahrtboot »The Palace Saluja«. **4** Wassermangel unbekannt: ein Pool am Entree zu einem Amtsgebäude.

schmalen, sumpfigen Nehrung mit Datteln, Fisch und ein wenig Perlenhandel fristete, und ist heute ein in die Höhe geschossenes Glückskind, das seinen neuen Reichtum zur Gänze jenen winzigen Lebewesen der Urmeere verdankt, die sich vor rund 500 Millionen Jahren just auf seinem späteren Territorium in Unmengen zu Faulschlamm und schließlich zu jener Mixtur aus Aliphaten, Phenolen, Naphthenen und anderen Kohlenwasserstoffen verwandelten, die man heute Rohöl nennt. Dubai hingegen ist entlang des Creek vergleichsweise langsam gewachsen und im Kern seines Wesen von selbstbewusster Gelassenheit, weil von Jugend an im Zentrum des Handels und an einen gewissen Wohlstand gewöhnt. Zwar verdankt es dem Öl ebenfalls einen Boom, doch dessen Quellen sind ungleich endlicher, werden etwa um das Jahr 2025 endgültig versiegen, weshalb es, statt sich auf den fossilen Schätzen auszuruhen, seiner Tradition als Handelsmetropole treu geblieben ist. So baute man konsequent die Infrastruktur für den Güterverkehr aus, vertiefte die Fahrrinne des Creek, schuf in Jebel Ali eine Freihandelszone mit dem größten künstlichen Hafen der Welt und baute den Flughafen zur wichtigsten Transitdrehscheibe des Mittleren Ostens aus – eine Strategie, die sich als überaus erfolgreich erwies. Immerhin umfasst Dubais ökonomisches Einzugsgebiet mit Iran und

Indien, Pakistan, Ost- und Südafrika, den Anrainerstaaten am Golf und den zentralasiatischen Nachfolgestaaten der Sowjetunion insgesamt an die 1,5 Milliarden Menschen!

Frommen Moslems muss dieses Dubai zwar wie eine Wiedergeburt von Sodom und Gomorrha erscheinen. Denn in den Regalen der Supermärkte stapeln sich Spirituosen und Schweinefleisch. In den Straßen und an den Stränden tummeln sich Scharen »halbnackter« Ausländerinnen, von den in den Bars und Lobbys der zweitklassigen Hotels aufreizend offen agierenden Schönen der Nacht ganz zu schweigen. Doch diese Liberalität hat auch einen feinen, geistigen Aspekt: In Dubai dürfen, wie in den Nachbaremiraten auch, alle – Christen, Buddhisten, Hinduisten, ja selbst die anderswo in der Region scharf verfolgten Anhänger vermeintlich häretischer, islamischer Gruppen wie die Ahmedija und Bahai – ihren Glauben offen bekennen und leben. Theologen führen diese Toleranz übrigens auf den Hanafismus zurück, jene duldsamste unter den vier Rechtsschulen des sunnitischen Islam, der die hiesigen Beduinen bis heute immer noch mit derselben unverbrüchlichen Intensität wie ihre Ahnen anhängen.

Downtown Dubai – nahe dem Creek

Anreise

Der internationale Airport von Dubai wird von deutschen Großstädten, aber auch von Wien und Zürich aus sowohl von der heimischen Linie Emirates Airlines (www.emirates.com), als auch von Lufthansa, Austrian und Swiss – in vielen Fällen täglich – direkt angeflogen. Die Flugzeit von Frankfurt beträgt rund sechs Stunden.

4

Attraktionen

Downtown am Westufer des Creek: Bezirk Bastakiya mit Al-Fahidi-Fort/Dubai-Museum, »Tourist Village« mit renovierten historischen Wohnhäusern, darunter das als Museum zugängliche Sheikh Said House, Kulturzentrum und Madjlis-Kunstgalerie; Shindagha-Viertel mit an die 30 traditionellen Häusern samt typischen Windtürmen und Sikkas, schmalen Gassen, sowie »Heritage Village und Diving Village«, ein Dorf aus Beduinenzelten mit aktivem Handwerk …

Downtown am Ostufer des Creek: Stadtteil Deira mit Gewürzsuq (Eingang: Baniyas Road), Goldsuq mit seinen rund 200 Glitzerläden, Fischmarkt, historischer Wachturm Burj Nahar, Al Ahmadiya School (älteste Schule der Stadt); Fahrt im altmodischen Wassertaxi über den Creek …

An der Peripherie: Kamel- und Pferderennen in Nadd al Sheba, Vogelbeobachtung im Naturreservat Khor Dubai, Dhau-Werft in Al Hamriya; Familienfreizeitparks: Wonder Land, Encounter Zone, Children's City; Dubai Zoo, Zabeel Technology Theme Park u. v. m.; Moschee von Jumeirah (weitere Attraktionen im Strand- und Villenviertel *Jumeirah:* siehe S. 23-27).

Die größten und pompösesten Einkaufstempel (eine Auswahl): Mall of the Emirates, Wafi Mall, Hamarain Centre, Khan Murjan Suq, The Village Shopping Complex, The Walk Jumeirah Beach Residence, Deira City Centre Shopping Mall mit Kinder-Unterhaltungscenter Magic Planet …

Enklave *Hatta*, etwa 100 km östlich von Dubai, mit altem Fort inmitten von Dattelpalmenhainen, Heritage Village und Hatta Pools (schöne Schwimmgelegenheit!, vgl. S. 35.

1

2

3

4

Luxus zwischen Skipiste und Surfen

Jumeirah Beach – Dubais touristische Traumwelt

Nur wenige Kilometer vom Stadtkern entfernt verwöhnen drei Luxusherbergen, Burj al Arab, Madinat Jumeirah und Jumeirah Beach Hotel, ihre Gäste mit kaum zu überbietender Opulenz. Ein Hightech-Wasserpark und eine Skihalle sorgen für Kurzweil und Abkühlung.

Ein Baderevier wie aus dem Bilderbuch und deshalb Dubais Vorzeigeparadies für Pauschalurlauber ist der südwestlich des Creek gelegene feinsandige Meeresstrand von Jumeirah, der nicht, wie in so vielen arabischen Ländern, durch Abfall verunziert ist. Das Meer leuchtet türkisfarben und ist makellos klar. Der Traum jedes vom Winter gepeinigten Europäers!

Ende der sechziger Jahre haben Archäologen hier die Reste einer Handelsstadt aus frühislamischer Zeit, als die Omajjaden von Damaskus aus über das Kalifenreich herrschten, zutage gefördert. Auf einem Areal von 20 Hektar legten sie die Fundamente eines Scheichpalasts, mehrerer Wohnhäuser, einer Karawanserei und eines kleinen Basars mit etlichen Läden frei. Die Funde zeugen davon, dass schon damals die Karawanen auf ihrem Weg zwischen dem Irak und Oman hier Station gemacht haben. Auch nördlich von Dubai, in Al Qusais, sind die Altertumsforscher fündig geworden: 120 Gräber aus dem 2. Jahrtausend v. Chr. offenbarten dort neben Skeletten unter anderem Werkzeuge aus Stein und Bronze, Keramiken, Dolchgriffe, Pfeilspitzen und mit Kohle gefüllte Muscheln.

Apropos: Noch vor kaum mehr als einer Generation war der Strand über weite Strecken von einem Wall aus Muschelschalen gesäumt. Die örtlichen Fischer hatten sich, bevor die Ölquellen zu sprudeln begannen, wie überall entlang der südlichen Golfküste in den Sommermonaten bei ihren Scheichs sowie bei indischen Händlern als Perlentaucher verdingt – notdürftig ausgestattet mit Nasenklemmen, Baumwollleibchen, Fingerbandagen und winzigen Taucherbrillen. Im Laufe der Zeit holten sie Millionen von Austern vom Meeresgrund, die sie an Land im Akkord öffneten. Mittlerweile haben Wind und Wellen die Schalenberge freilich längst abgetragen. Kehrten die Fischer heute zurück, würden sie sich wohl ungläubig ihre Augen reiben. Denn heute ragt in dieser einst menschenleeren Gegend Dubais neues Wahrzeichen himmelwärts, das binnen weniger Jahre zu Weltberühmtheit gelangte.

1 Farbenfroher Prunk: Badezimmer im Burj al Arab. **2** Bestickte Pantoffel, feilgeboten im Suq Madinat. **3** Zubringertaxi auf einem hoteleigenen Kanal. **4** Zwei Aushängeschilder der Tophotellerie: der Komplex Madinat Jumeirah und dahinter der Burj al Arab.

1

2

3

1 Ein Bootstaxi bringt neue Gäste ins Hotel Mina A'Salam, das zur Anlage von »Madinat Jumeirah« gehört. **2** Ein De-luxe-Room in dem kolossalen Komplex. **3** Auch nicht gerade spartanisch: die Lobby des Hotels Al Qasr. **4** Blick über den Kanal des Hotels Mina A'Salam aufs Meer. **5** Die Anlage von »Madinat Jumeirah« ist dem traditionellen Baustil der Region aus Lehm nachempfunden.

Das kurz vor der Jahrtausendwende eröffnete Hotel Burj al Arab zählt unbestritten zu den spektakulärsten Luxusherbergen der Welt. Es liegt 280 Meter vor der Küste auf einer künstlichen Insel und hat die Form eines gigantischen, 321 Meter hohen, aufgeblähten Segels einer Dhau. Sein Fundament ruht auf 230 bis zu 40 Meter tief in den Sand gerammten Betonpfeilern, seine Außenhaut besteht aus einer doppelten, mit Teflon beschichteten Glasfaserschicht. Welch überbordender Prunk und makelloser Service sie während des Aufenthalts erwartet, bekommen die maximal 404 Gäste schon in der Lobby signalisiert: Nach einer peniblen Personenkontrolle am Checkpoint an der Zufahrtsstraße (nur wer eine Zimmerreservierung vorweisen kann, darf das Gebäude überhaupt betreten) wird man im Eingangsbereich von lächelnden Hostessen mit Rosenwasser, kühlenden Tüchern, Datteln und arabischem Kaf-

4

5

fee empfangen. Solcherart erfrischt und vom Gepäck befreit, schwebt man auf Rolltreppen, vorbei an gigantischen Salzwasseraquarien, hinauf in die eigentliche Lobby. Diese ist 180 Meter hoch und mit 1590 Quadratmetern Blattgold geschmückt. In ihrer Mitte schießt in unregelmäßigen Abständen eine 42 Meter hohe Wasserfontäne empor. Die märchenhafte Opulenz – ob der Stilpuristen freilich indigniert die Nase rümpfen mögen – setzt sich in den insgesamt sieben Restaurants, den diversen Lounges und Bars, dem weitläufigen Spa-Bereich und natürlich auch in den über 28 Stockwerken verteilten 202 Suiten fort. Ein Team aus 1200 Angestellten verwöhnt die Gäste nach Strich und Faden.

Kaum minder spektakulär ist, direkt vis-á-vis am Festland gelegen, das Jumeirah Beach Hotel mit seinen über 600 Zimmern und der wellenförmig geschwungenen, futuristisch anmutenden Glasfront. Und auch das Beachresort »Madinat Jumeirah« gehört in diese Kategorie: Die riesige, von zahlreichen Kanälen durchzogene Hotelanlage greift den traditionellen Baustil mit lehmbraunen Mauern, hölzernen Balustraden, Windtürmen und schattigen Höfen auf. Eine weitere Dimension gigantomanischer Architektur wird mit dem

1 Der Burj al Arab umfasst 28 Stockwerke mit 202 Wohneinheiten. **2** Das Jumeirah Beach Hotel gleicht einer gläsernen Riesenwelle … **3** und **4** … und bietet seinen Gästen – natürlich – einen makellosen Pool sowie eine luxuriöse Marina. **5** Am Strand von Jumeirah.

Projekt »The World« erschlossen – ein der Küste vorgelagerter, mit Aberhunderten Villen und Apartmenthäusern bebauter künstlicher Archipel mit den Umrissen einer auf dem Meer entrollten Weltkarte, der im Laufe des Jahres 2009 fertiggestellt sein wird. Einen stilistischen – und auch spirituellen – Kontrapunkt setzt, näher zur Stadt hin, die Jumeirah-Moschee. Das aus rosafarbenem Sandstein errichtete Gotteshaus besitzt eine majestätische Kuppel und zwei schlanke hohe Minarette. Dank seinem filigranen Dekor gilt es nicht nur als größter, sondern auch als schönster Sakralbau des Emirats. Die Moschee ist übrigens – eine Ausnahme unter den Moscheen des Landes – bei Führungen auch für Nichtmuslime zu besichtigen.

Nochmals zurück ins »Jumeirah Beach Resort«: Zu ihm gehört auch der Wild Wadi Water, ein gigantischer Themenpark, der unter anderem mit einer weitläufigen Poollandschaft aufwartet, einer aufsehenerregenden Wasserrutschbahn (»The Jumeirah Sceirah«) und einer permanent an die drei Meter hohen Welle zum Surfen (»The Wipeout River«). Und wer, zumal im Sommer, wenn das Quecksilber hier an der Küste bei 90 Prozent Luftfeuchtigkeit auf

bis zu 45 Grad klettert, noch mehr Abkühlung braucht, fährt zum nahe gelegenen Ski Dome und lässt sich dort mit angeschnallten Brettern, Pudelmütze und Anorak mit dem Sessellift auf den künstlichen Hügel befördern, um dann bei Minusgraden die überdachte Kunstschneepiste hinabzusausen.

Übernachten und Freizeit am Jumeirah Beach

Aktivurlaub
Abgesehen von dem riesigen Freizeitangebot jedes einzelnen Hotels (s. u.) warten im Villenviertel Jumeirah der *Wild Wadi Waterpark,* Jumeirah Beach Road, Tel. 04-3484444, www.jumeirah.com, ganzjährig tgl. ab 11 Uhr (Riesenanlage mit Surfwall, Turborutschen und Wasserachterbahnen) und *Ski Dubai,* Sheikh Zayed Road, Mall of the Emirates, Tel. 04-4094000, www.skidxb.com, tgl. 10–24 Uhr, Verleih von Ski und Snowboard, Schuhen und Skianzug; Skipass per Stunde oder als Tageskarte.

Übernachten
Burj al Arab, P.O.Box 74147, Tel. 04-3017777, Fax 3017000, www.dubai-burjalarab.de, 202 Suiten und 142 De-luxe- (jeweils 170 qm) und 18 Panorama-Suiten (bis 330 qm), ab 490 €. Das Flaggschiff der Hotellerie von Dubai, extrem luxuriös, mit sieben Restaurants (besonders spektakulär: das Seafood-Lokal »Al Mahara« mit Blick durch Glasscheiben ins

offene Meer), Cafés, Bars, Konferenzräumen, Helikopter-Landeplatz, Rolls-Royce-Service, Luxusboutiquen, Friseur, Kids Club; Assawan Spa im 18. Stock mit getrennten Bereichen für Männer und Frauen, Butler-Service, opulentem Spa-Menü, Gym, Spa-Pool u. v. m.
Madinat Jumeirah, P.O.Box 75157, Tel. 04-3668888, Fax 3667788, www.madinatjumeirah.com, ein Resort bestehend aus zwei Boutiquehotels, 29 Villen, einem Suq und einem Spa-Komplex. Hotel Mina A'Salam – 292 Zimmer, 220 bis 650 €; Hotel Al Qasr – 260 Zimmer, 230 bis 860 €; Dar Al Masyaf – 29 Villen mit 283 Zimmern, 256 bis 440 €. »Stadt in der Stadt« unmittelbar neben dem Burj al Arab, gestaltet im Stil traditioneller arabischer Architektur mit wunderschöner Garten- und Poollandschaft, 42 Restaurants und Bars, einem stimmungsvollen, 75 Boutiquen umfassenden Suq, Konferenzzentrum, Amphitheater, Außenpool und großem Health Club; ein Traum: Talise Spa mit 26 Therapieräumen und Behandlungszelten.
Jumeirah Beach Hotel, P.O.Box 11416, Tel. 04-3480000, Fax 3016800, www.jumeirahbeachhotel.com, 598 Zimmer, ab 190 € und Beit Al Bahar, 19 Strandvillen. Fünfsternekoloss in Form einer gläsernen Riesenwelle, mit insgesamt 18 Restaurants und Bars für jeden Geschmack, 3,6 ha großem Privatstrand, Marina & Sports Club, fünf Swimmingpools, sechs Tennisplätzen, Driving Range, künstlichem Korallenriff 2 km vor der Küste, Kids & Teenager's Club u. v. m.

1

2

3

4

Perpetuum mobile des Entertainment

Swimming, Shopping, Racing – Langeweile? Nicht in Dubai!

Tophotels, Kamelrennen, Wüstensafari … Unter stets blauem Himmel, bei wohligen Wasser- und Lufttemperaturen bleibt in dieser Urlaubermetropole des 21. Jahrhunderts für die mittlerweile fast schon zehn Millionen Gäste pro Jahr kaum ein Wunsch unerfüllt.

Seit einigen Jahren spült nicht bloß der Umschlag von Waren en masse Devisen nach Dubai. Auch sonnenhungrige Urlauber, die, vor allem im Winterhalbjahr, in rapide wachsender Zahl aus dem unwirtlich kalten Europa an die wohlig warmen Gestade am Golf flüchten, sorgen für stetig steigendes Einkommen. Um ihre Wirtschaft vom Öl unabhängiger zu machen, strebt die Herrscherfamilie al Maktoum für ihr Emirat seit geraumer Zeit eine Zukunft als bevorzugte Adresse des internationalen Tourismus an. In den letzten Jahren ist hier, sowohl was Quantität als auch Qualität betrifft, gewissermaßen die Welthauptstadt der Hotellerie entstanden. An die 350 Luxusherbergen mit rund 50 000 Betten stehen bereits auf dem Boden des kleinen Stadtstaats. Darunter finden sich makellose Bleiben für die Business- und Congress-Community wie das Ritz-Carlton, das Fairmont oder das Park Hyatt ebenso wie eine Vielzahl von Ferienhotels für den perfekten Erholungs- und Strandurlaub. Zurzeit sind Apartments, Villen und Hotels für jährlich mehrere Millionen zusätzliche Kurz- und Langzeitgäste in Bau. Durch Megaprojekte der Immobilienindustrie wie »The Palm«, »The World« oder »Marina City« werden weite Abschnitte der Küstenlinie völlig neu gestaltet. Allein auf jedem der beiden palmenförmigen Archipele stehen etwa drei Dutzend Fünfsternehotels. Laut Auskunft der Tourismusbehörde herrscht trotz solcher Kapazitäten immer noch permanent Bettenmangel.

Beeindruckend mutet auch das Unterhaltungs- und Vergnügungsangebot an, mit dem Dubais Baumoguln der so rapide wachsenden Gästeschar die Zeit zu vertreiben – und die eigenen Umsätze weiter himmelwärts zu schrauben – trachten. Die Zentren des gesellschaftlichen Lebens sind zwar die luxuriösen Hotels, in deren Gourmettempeln die Schönen und Reichen tafeln, in deren Bars und Klubs Mädchen (vorwiegend aus Osteuropa) in allzu kurzen Röcken und grellem Make-up aus und ein gehen, und man Alkohol kredenzt bekommt. Doch daneben locken mittlerweile Dutzende

1 Going online in der Shopping Mall »The Boulevards« in Jumeirah.
2 Wohlbefinden garantiert: im H²O-Spa des Emirates Towers Hotel.
3 Beliebtes Abendvergnügen für Betuchte: Bauchtänzerin im Restaurant »Al Hadheera«. **4** Betongebirge als Strandkulisse.

1 Dubais Metamorphose in eine Metropole der Zukunft findet auch off shore statt: Modell des Paradeprojekts »The Palm«. **2** Gut betucht und fit for fun: In der Mercato Shopping Mall in Jumeirah … **3** … und in der »Mall of the Emirates«. **4** Wintervergnügen bei 30 Grad Außentemperatur: im Ski Dome.

gigantische Einkaufszentren, die mit ihren glitzernden Ladenreihen, den Multiplex-Kinos und Gastromeilen alle nur erdenklichen Wünsche und exotischen Geschmäcker befriedigen. Im Bau oder zumindest konkret geplant sind neben der Phalanx vieler zusätzlicher Wolkenkratzer, unzähliger neuer Shopping Malls und künstlicher Inseln samt *Beach Residences* unter anderem Dubailand, ein Freizeitpark, doppelt so groß wie Disneyland in Florida, und ein History-Themenpark, in dem lebensgroße Saurier-Roboter durch urzeitliches Gelände stampfen sollen, außerdem Dubai Sports City mit vier Stadien für bis zu 10 000 Zuschauer, ein Opernhaus mit 2500 Plätzen, ein Unterwasser-Korallenhotel namens »Hydropolis«, Dubai Maritime City, eine Art Pfahlbausiedlung am Eingang von Port Rashid, und Dubai Autodrome, in dem bald schon der Formel-1-Zirkus alljährlich Station machen soll. Den Ruf der Stadt als Brennpunkt von Hightech und Dienstleistungsgewerbe auf allerhöchstem Niveau sollen auch die Dubai Health Care City, Business Bay, Media City und der Technologiepark Dubai Silicon Oasis mehren. Burj Dubai wird mit über 800 Metern künftig das höchste von Menschenhand errichtete Gebäude sein. Und schließlich soll der neue Flughafen, draußen im Westen bei Jebel Ali, den bisherigen, jährlich »nur« maximal 40 Millionen Passagiere bewältigenden Airport ergänzen und – als weltgrößter seiner Art, versteht sich – demnächst schon pro Jahr über 100 Millionen Menschen empfangen und abfertigen können.

Vielerorts in Dubai, insbesondere an seiner Peripherie, tobt sich so die Bauindustrie zurzeit hemmungslos aus. Kräne, Presslufthämmer, Caterpillars und vielhundertköpfige, behelmte Arbeitertrupps, Staub, Staus, lange Umleitungen … überall wachsen Baugerüste, Shoppingcenter, Apartment- und Bürotürme in den Himmel, durchschneiden Schnellstraßen und Flyovers den kurz vorher noch unberührten Wüstensand. In ihren Wachstumszonen zeigt sich die Boomtown vielerorts von einer recht ungastlichen Seite. Doch meist genügt es, ein paar hundert Meter weiter zu fahren, um in

3

4

eine wohltuende Gegenwelt zu gelangen. Sorgsam abgeschirmt von Verkehrshektik und Baulärm bilden weiträumige Hotelanlagen gepflegte Oasen der Stille.

Nur wenige Kilometer Luftlinie vom Creek zum Beispiel, ganz in der Nähe des World Trade Center und der Sheik Zayed Road, liegen die Zabeel Stables. Vor der imposanten Kulisse der nagelneuen Büro- und Hoteltürme, die jene Stadtautobahn Richtung Abu Dhabi säumen, erstreckt sich englischer, von Blumenrabatten gefasster Rasen. Eine erlesene Auswahl von Vollblütern und Arabern genießt hier, von über 100 Pflegern betreut, einen Pferdehimmel auf Erden. Ihnen stehen unter anderem vollklimatisierte Ställe, eine 2000 Meter lange Trainingsbahn, ein Swimmingpool, eine Veterinärklinik samt OP-Saal und eine Futtermittelfabrik zur Verfügung, die die Zutaten für die individuellen Menüpläne regelmäßig aus Europa und Australien eingeflogen bekommt. Herr über dieses – und mehrere ähnliche – Trainingsparadiese ist Scheich Mohammed bin Rashid al Maktoum, seines Zeichens Herrscher über Dubai, Vizepräsident und Premierminister der Emirate und wohl reichster Pferdebesitzer der Welt. Die Idee hinter seinen Bemühungen ist, in der Praxis zu beweisen, dass Rassepferde, die den Winter in mildem Klima verbringen, in der folgenden Rennsaison bessere Leistungen erbringen. In den achtziger Jahren hat er begonnen, Tiere aus Europa und Amerika, aber auch aus Australien für die jeweils kalte Jahreszeit nach Dubai fliegen zu lassen. In der Folge gründete Scheich Mohammed für das Projekt sogar eine eigene Managementfirma namens »Godolphin Racing«. Mittlerweile heimsen die Tiere, die unter diesem Label starten, in Übersee die meisten großen Preise ein. Die prunkvollen Pokale, die der Scheich in London und Paris, Baden-Baden und eben auch in Dubai stolz in Empfang genommen hat, werden in der Godolphin Gallery öffentlich, das heißt für jedermann, zur Schau gestellt.

Die Galopper-Derbys auf der den Ställen benachbarten Rennbahn von Nadd al Sheba verströmen ascotsche Grandezza. Der seit 1996 alljährlich hier abgehaltene Dubai World Cup ist das höchst dotierte Pferderennen der Welt. Entsprechend elegant sind der Fuhrpark vor dem Eingang, das Publikum und auch die Preise. Neben dem Zieleinlauf warten mehrere Dutzend Luxuslimousinen auf ihre Gewinner. Das im Koran festgeschriebene Verbot von

1

2

Glücksspielen wird von den Veranstaltern raffiniert umgangen. Die Besucher nehmen unentgeltlich und daher legal an einer Lotterie teil. Die werbewirksamen Preise sind von Firmen gesponsert. Folglich geht niemand als Verlierer vom Platz.

Nicht ganz so vornehm, aber kaum minder leidenschaftlich geht es auf dem nahe gelegenen Kamelrennplatz zu. Jeweils freitags treten hier die eigenwilligen Vierbeiner während der Saison serienweise gegeneinander an. Als Jockeys fungierten bis vor wenigen Jahren zartwüchsige Knaben, die man in ihren knallbunten Trikots mit 3M-Haftbändern an die steilen Höcker festkleben musste. Nach heftigen Protesten vorwiegend amerikanischer Menschenrechtsgruppen wurden die fünf- bis achtjährigen, meist aus Pakistan geholten Kinderreiter durch Roboter ersetzt. Der Anblick der metallenen Männchen mit ihren motorbetriebenen Peitschen ist reichlich kurios und für einheimische Traditionalisten auch ziemlich traurig. Das Rennspektakel jedoch ist nach wie vor äußerst erlebenswert. Auf Kommando werden die Halteseile gekappt und die Tiere stürmen, eine Sandwolke hinter sich lassend, davon. Einige sind in heilloser Panik in die Gegenrichtung gestartet. Sie lassen sich erst nach Minuten und mit Mühe wieder bändigen. Andere machen sich in unkontrolliertem Zickzack auf den Weg. Der Pulk wird von zahlreichen Kleinbussen begleitet, aus denen die Coaches mittels Joystick Kurs und Tempo ihrer Schützlinge steuern. Nahe dem Start lagern Hunderte Kamele – die möglichen Helden der noch folgenden Rennen. Zwischen ihnen, in den Sand gestreckt, dösen ihre Betreuer. Der Ort gleicht dem Rastplatz einer riesigen Karawane. Unmittelbar daneben jedoch erhebt sich ein überdimensionales »Beduinenzelt« aus Spannbeton. In seinem Schatten, auf einer mit Ledersesseln bestückten Tribüne, verfolgen betuchte Scheichs über Videomonitore den Rennverlauf. Der Tribüne gegenüber stehen, wie schon beim Pferderennen, wieder die fahrbaren Hauptgewinne aufgereiht.

Kein Zweifel, auch hier sind die Hauptrennen millionenschwere Spektakel. Sie werden vom staatlichen Fernsehen landesweit übertragen. Und viele Renntiere sind eigens mit Sattelschleppern aus Qatar, Saudi-Arabien und dem Oman angereist. Die Leidenschaft freilich, mit der die Beduinen das Geschehen verfolgen, scheint von dem modernen Beiwerk, den Bildschirmen, Kameras und Karossen unabhängig. Wie sie mit Inbrunst die Vorzüge mancher Tiere erörtern. Wie sie, als die Schnellsten schließlich nach gut 15 Minuten röchelnd, mit hängender Zunge und Schaum vor dem Maul in die Zielgerade einbiegen, in beinah hysterisches Gebrülle ausbrechen.

4

5

Und mit welchem Stolz sie der Sieg ihres Lieblings erfüllt. Das alles scheint mehr als schnöder Zeitvertreib zu sein. Diese Leidenschaft wurzelt tiefer, nämlich in jener Vergangenheit, als es hier am Rand der großen Wüste all das technische Spielzeug noch nicht gab und Kamele neben Jagdfalken und Dattelpalmen den einzig wichtigen irdischen Besitz darstellten.

1 Begegnung zweier Welten am Kamelrennplatz von Nadd al Sheba. **2** Das Park Hyatt Hotel. **3** Das Naturreservat von Ras al Khor ist ein Dorado für Hobbyornithologen. **4** Gäste des Hotel Bab Al Shams beim Ausritt. **5** Falkner präsentieren auf dem Hotelgelände stolz ihre gefiederten Lieblinge.

Zu den besonders reizvollen Ködern, mit denen die Stadt erfolgreich betuchte Touristen aus aller Welt anlockt, zählen ihre Golfplätze: sattgrüner englischer Rasen, Tenniscourts, ein Pool, ein Jachthafen, ein Parkplatz voller blank polierter Caddies … Der 1992 eröffnete Creek Golf Club zum Beispiel, dessen Klubhaus an das Segel einer arabischen Dhau erinnert, ist mit gutem Grund regelmäßig Gastgeber der Asian und auch European PGA Tour. Von seiner Terrasse reicht der Blick über die ganze Stadt, von der Skyline Deiras bis zum südlichen Ende des Creek, wo man ein – in solch einer Wirtschaftsmetropole wohl nicht vermutetes – von Flamingos und vielerlei anderen Zugvögeln als Rastrevier genutztes Naturschutzgebiet eingerichtet hat. Deutlich älter, aber nicht minder attraktiv ist die 18-Loch-Anlage des Emirates Golf Club, und ein Juwel, speziell für Spieler, die Wasserhindernisse lieben, der Wadi Golf Course. Bis spätabends ihrem Hobby frönen können Golfer dank flächendeckender Flutlichtanlagen auf dem Al Badia

Luxuriöses Ambiente für Dubais Gäste: **1** Im Inneren des Jumeirah Emirates Towers Hotel … **2** … und eine seiner Club Executive Suites. **3** Im Hotel Bab Al Shams sitzt man bequem auf der Dachterrasse … **4** … und im arabischen Restaurant »Al Hadheera«. **5** Wohin darf die Fahrt gehen? Der Rolls-Royce-Limousinenservice steht bereit.

Golf Resort sowie dem Dubai Golf and Racing Club in Nadd al Sheba. Etwa eine halbe Autostunde außerhalb der Stadt, westlich der in den letzten Jahren zu gigantischer Größe angewachsenen Freihandelszone, lockt schließlich das Golf Resort des Jebel Ali Hotel. In diesem so idyllischen wie gepflegten Refugium sollte man beim Spielen übrigens auf die Pfauen, Reb- und Perlhühner achten, die gelegentlich über die Greens spazieren.

Apropos Idylle: Sehr beliebt sind als Kontrast zum pulsierenden Großstadtleben Ausflüge in die nahe Wüste. Das 4000 Quadratkilometer große Emirat ist mehrheitlich von hohen Sanddünen, steinigen Tälern und, an der östlichen Grenze, auch von schroffen Gebirgen bedeckt. Auf den ersten Blick mag das weite Land unfruchtbar und wenig attraktiv erscheinen. Doch birgt es eine überraschende Vielfalt an Leben, etwa in Form nachtaktiver Tiere und unscheinbarer Pflanzen, die zu bestimmten Jahreszeiten prachtvoll blühen. Und entlang der Hadschar-Berge gedeihen nach wie vor große, mittels unterirdischer Quellen bewässerte Dattelhaine, in denen viele Vogelarten Schutz und Kühle finden.

Einheimische lieben es, an Wochenenden die klimatisierten Stadthäuser zu verlassen, mit Kind und Kegel im vierradbetriebenen Geländewagen hinaus in die Wüste zu fahren und dort, wie ihre Vorväter, die Zelte aufzuschlagen, Teppiche auszubreiten und zu

picknicken. Zur Verdauung geht es anschließend im Four-Wheel-Drive oft zum sogenannten Wadi bashing: Mit heulendem Motor über die sanften Luv- und steilen Leehänge der Sicheldünen zu sausen, den heißen Wind um die Ohren, den Sand zwischen den Zähnen und immer in leiser Sorge vor dem Steckenbleiben – das verschafft, auch betuchten Gastarbeitern und Touristen aus dem Westen, ein amüsantes Hochgefühl der Abenteurerei.

Ein viel frequentiertes Ziel ist die 100 Kilometer südöstlich von Dubai-Stadt, an der Grenze zum Oman gelegene Bergenklave namens Hatta. In diesem Dorf hat man ein famos gestaltetes Freilichtmuseum, Heritage Village, eingerichtet. Und in der Umgebung wurden die Falaj-Kanäle, die alten Bewässerungssysteme, flächendeckend restauriert. Wohl auch deswegen gelten die hiesigen Palmen als höchste und schönste im ganzen Land, ist die Oase berühmt für ihren Tabak, den Weizen und Futterklee. An ihrem Rand, in den steilen Schluchten eines Wadis am Fuß zerklüfteter Vulkanberge, hat die wüste Natur übrigens eine Rarität geschaffen: natürliche, von den reißenden Fluten der Winterregen aus dem Fels geschliffene Pools. In ihrem kühlen, kristallklaren Wasser lässt es sich wunderbar schwimmen.

Luxuriöse Quartiere in Dubai
(eine kleine Auswahl)

Ritz-Carlton, Jumeirah Beach, P.O.Box 26525, Tel. 04-3994000, Fax 3994001, www.ritzcarlton.com, 138 Zimmer und Suiten, alle mit Meer- oder Poolblick, ab 230 €. Boutiquehotel als luxuriöser Mix aus mediterranem Palazzo und arabischer Oase, mit tropischem Garten, drei Pools, eigenem 350 m langem Strand, gediegener Business und Cigar Lounge.
Fairmont, Sheikh Zayed Road, P.O.Box 97555, Tel. 04-3325555, Fax 3324555, www.fairmont.com/dubai, 394 Zimmer, davon 126 Suiten, ab 109 €. 2007 zum besten Businesshotel der Stadt gewählt; arabischer Glamour meets altrömische Grandezza, perfekter Service, nächtliches Highlife mit Lasershow, Spitzenrestaurants und Trendbar »Cin Cin« mit dem größten und bestsortierten Weinkeller in Dubai.
Park Hyatt, P.O.Box 2822, Tel. 04-6021234, Fax 6021235, www.dubai.park.hyatt, 225 Zimmer und Suiten, ab 245 €. Halb Urlauber-, halb Businesshotel auf höchstem Niveau, 10 Min.

5

vom Flughafen entfernt, fern jeden Baustellenlärms auf dem Gelände des Creek Golf & Yacht Club; Stil und Ambiente in höchstem Maße urban, elegant, ohne viel Schnörkel; kulinarische Genüsse in drei Restaurants (Café Arabesque!), traumhaft relaxen im Amara-Spa.
Al Maha Desert Resort, Tel. 04-3034222, Fax 3439696, www.al-maha.com; 42 Villen à 75 qm, ab 384 €. 70 km tief im Hinterland von Downtown Dubai, inmitten eines 225 qkm großen Wüstennaturschutzgebiets, dem einzigen des Emirats, kann man Luxus mit ökologisch gutem Gewissen frönen – in einem »Dorf« à la bedouin, jede der klimatisierten Villen mit Privatterrasse und -pool, Bibliothek, kleinem Businesscenter, Gym, großem Gemeinschaftspool; unvergesslich: der Sundowner oder ein romantisches »Table for two«-Dinner in den Dünen und bei Sonnenuntergang von der Hauptterrasse die Beobachtung der in dem Reservat beheimateten Gazellen und Oryxantilopen.
Jumeirah Bab Al Shams Desert Resort & Spa, P.O.Box 8168, Tel. 04-8326699, Fax 8326698, www.jumeirahbabalshams.com, 113 Zimmer, ab 210 €. Exklusives Resort in Form eines arabischen Forts, 45 Autominuten außerhalb der Stadt inmitten der Wüste gelegen, ein Hort des Luxus und der Stille, elegant-rustikales Ambiente, Riesenpool, Satori Spa, Sindbad's Kids Club u. v. m.
Burj al Arab, Madinat Jumeirah und *Jumeirah Beach Hotel* siehe S. 27.

Der Big Spender wird zur Weltstadt

Abu Dhabi, Sharjah und die kleinen Nachbaremirate

Abu Dhabi ist das mit Abstand größte und reichste der sieben Emirate. Lange Zeit hat es sich mit den Petrodollars begnügt. Vor Kurzem aber setzte es zur touristischen Aufholjagd an. Auch in Sharjah, Ras al Khaimah und Ajman weht ein merklich frischer Wind.

Wir pflügten in unseren Landrovers auf weichen Reifen und im Vierradantrieb durch verwehten Sand. Vor uns standen eine Reihe zerzauster Palmen, zur Linken das weiß getünchte Fort, zur Rechten eine Handvoll Barastihütten, ein paar magere Ziegen, versprengte Hühner, und Esel, die gleichgültig an Abfallpapier knabberten. Die Spurrillen im Sand bildeten die einzige Straße. Sie schlängelten sich zwischen den Hütten hindurch zum Ufer. Dort stießen wir auf zwei Gebäude aus Zement: das Quartier der Polizei und das Büro der Ölgesellschaft.« Kaum vorstellbar, dass gerade erst 50 Jahre vergangen sind, seit der britische Archäologe Geoffrey Bibby seine Ankunft in Abu Dhabi solcherart erlebte. Damals, 1958, hatte man in dem gleichnamigen Emirat soeben das erste Erdöl entdeckt. Seine Hauptstadt war eine winzige Siedlung, die sich zwar bei Ebbe über die *Sabkha,* den salzigen Sand des Watts, bei Flut jedoch nur mit dem Boot erreichen ließ. Deren etwa 5000 Einwohner, vornehmlich Fischer, bezogen ihr damals noch äußerst bescheidenes Einkommen auch aus dem Perlengeschäft. Mit vereinten Kräften importierten sie sodann Holz, bauten daraus dickbäuchige Hochseekutter, die berühmten Dhauen, und fuhren im Sommer monatelang aufs Meer, um tauchend den schillernden Schatz zu heben.

Heute zählt Abu Dhabi, das auf einer flachen Insel unmittelbar vor dem Festland liegt, über 600 000 Einwohner. Es ist nicht nur das urbane Zentrum des Emirats, sondern auch Regierungssitz der Vereinigten Arabischen Emirate (VAE). Hier tagt das Supreme Council, ein Oberster Rat, in dem die Herrscher der sieben Scheichtümer, die sich Anfang der 1970er Jahre zu jener Föderation zusammenschlossen, ihre Außen-, Verteidigungs- und Einwanderungspolitik koordinieren. Auch innenpolitische Agenden, etwa in den Bereichen Erziehung, Verkehr und Kommunikation, werden hier gemeinsam abgestimmt, Minister bestellt und Gesetze erlassen. Spiegelnde Glaspaläste, weitläufige Shoppingkomplexe, Blumenrabatten und

1 Diese altmodischen Frachtkähne liegen an der Corniche von Sharjah vor Anker. **2** Krummdolche trägt man in den Emiraten nur noch selten. **3** Am Eingang ins Handarbeitszentrum von Abu Dhabi. **4** Panoramablick von der Marina Mall auf die City der Föderationshauptstadt.

1

2

3

4

Palmenalleen säumen die großzügig in rechtwinkeligem Raster angelegten Boulevards – besonders mondän die sechs Kilometer lange Corniche. Zwei Dutzend Parks verleihen der City den Charakter einer Gartenstadt. In kuriosem Kontrast zu dem überschwänglichen Luxus steht als bei Weitem ältestes Gebäude der Stadt das Fort al Hosn, oft auch »Altes« oder »Weißes« Fort genannt. Das weiß getünchte Gemäuer wurde gegen Ende des 19. Jahrhunderts anstelle einer gut 50 Jahre älteren Festung errichtet und diente dem Herrscher lange Zeit als Residenz. Heute, da Wehrbauten längst überflüssig sind, ist in ihm das historische Dokumentations- und Forschungszentrum der Stadt untergebracht.

Das Emirat Abu Dhabi nimmt 87 Prozent der Gesamtfläche der Vereinigten Arabischen Emirate ein. Seine Küstenlinie misst mehr als 400 Kilometer. Ihr vorgelagert liegen in dem durchweg seichten Meer, das sich im Sommer so stark erwärmt, dass man angeblich sogar beim Tauchen schwitzt, zahlreiche Korallenbänke. Das Emirat umfasst auch an die 200 Inseln, darunter Das, Mumraz und Bani Yas. Nicht wenige davon sind Teil des immens aufwendig geknüpften Netzes von Infrastrukturanlagen der Erdölförderung und der petrochemischen Industrie. Von besonderer historischer Bedeutung ist das Eiland Umm an Nar, zu Deutsch »Mutter des Feuers«. Dieses war, wie reiche Gräberfunde belegen, schon vor vier Jahrtausenden von Menschen besiedelt.

Freilich ist Abu Dhabi nicht nur das größte, sondern auch das mit Abstand reichste der sieben Emirate. Unter seinem Boden (und offshore) lagern mehr als 94 Prozent der gesamten Erdölreserven des Staates – geschätzt ein Zehntel des weltweiten Vorkommens; und zudem rund fünf Prozent der Weltgasreserven. Der Erdölsektor sorgt mittlerweile für weit über die Hälfte des Bruttoinlandsprodukts. Das Pro-Kopf-Einkommen liegt bei 63 000 US-Dollar und ist damit nach Luxemburg und Norwegen das dritthöchste der Welt. Zudem spielt das Emirat in der Weltwirtschaft eine immer wichtigere Rolle. Sein staatlicher Investmentfonds, die »Abu Dhabi Investment Authority«, ist mit einem Gesamtwert von derzeit 875 Milliarden US-Dollar der, gemessen am Gesamtinvestitionsvolumen, weltgrößte eigenständige Fonds. Für das Einkommen und wirtschaftliche Fortkommen des Emirats ist also auch mittel- und längerfristig bestens gesorgt.

1 Der Strand vor den Mauern des »Heritage Village«. **2** Im Zentrum Abu Dhabis, das um 1760 gegründet wurde. **3** und **4** Das Fort al Hosn ist seit den Anfängen der Stadt Sitz der Herrscherfamilie Al Nahyan. **5** Eine von unzähligen Glasfassaden. **6** Im »Women Handicraft Center« wird das beduinische Kunsthandwerk sorgsam gepflegt. **7** Auch Gewürze und Duftstoffe verkauft man hier.

Trotzdem – oder vielleicht gerade deswegen? – sorgt die Hauptstadt in den letzten Jahren verstärkt auch auf touristischem Gebiet für Aufsehen. Luxushotels der Sonderklasse, allen voran das schon jetzt legendäre Sechssternehaus »Emirates Palace« (siehe S. 43), und eine eigene rasant expandierende Airline (Etihad Airways) machen weltweit von sich reden. Binnen weniger Jahre werden auf Saadiyat Island, der 27 Quadratkilometer großen »Insel der Glückseligkeit«, nicht bloß drei Jachthäfen und 29 Hotels mit insgesamt 7000 Zimmern entstehen, sondern ein weltweit einzigartiger Kulturbezirk. Stararchitekten wie Frank O. Gehry, Jean Nouvel, Zaha Hadid und Tadao Ando haben dafür ein Maritimes Museum, je eine »Filiale« des Pariser Louvre und des New Yorker Guggenheim-Museum sowie ein »Performing Arts Center« mit Opern-, Konzert- und Theatersälen entworfen. Einblicke in alte Traditionen vermitteln jetzt schon ein Freilichtmuseum namens Heritage Village, aber auch das Kunsthandwerkszentrum sowie die Ausstellungen der Cultural Foundation. Als besonders spannend erweist sich der Besuch des Petroleum-Museum. Dort sind nämlich einerseits Fotos, Modelle, Karten und Diagramme zu sehen, die die Entstehung, Ent-

deckung, Förderung und Verarbeitung des klebrig-zähen Schmiermittels der Moderne erläutern, andererseits aber auch alte Schwarz-Weiß-Filme, die das Leben in den Oasen zeigen, wie es anno dazumal verlief und der legendäre britische Abenteuerreisende Wilfred Thesiger in seinem Buch »Die Brunnen der Wüste« (übrigens einer Pflichtlektüre für Abu-Dhabi-Reisende) beschrieb.
Das hinsichtlich Fläche, Einwohnerzahl und Wirtschaftskraft drittgrößte der sieben Emirate ist Sharjah. Sein urbanes, von etwas mehr als einer halben Million Menschen bevölkertes Zentrum liegt nur 15 Kilometer nordöstlich von Dubai. Freilich umfasst sein Territorium auch etliche Enklaven, darunter die Orte Dibba, Khalba und, am Indischen Ozean gelegen, den Hafen Khor Fakkan. Öl wird in Sharjah, das im frühen 19. Jahrhundert den wichtigsten Hafen an der Südküste des östlichen Golfs bildete und später lange Zeit hindurch mit Abu Dhabi um den führenden politischen Rang in der Küstenregion wetteiferte, nur in geringen Mengen gefördert. Weshalb man des Längeren schon auch hier auf Tourismus als Devisenbringer setzt. Vor allem aber versteht sich Sharjah als Kultur- und Bildungszentrum der VAE. Sein überaus kunstsinniger Herrscher, Scheich Sultan Al Qasimi, schuf eine Reihe hochkarätiger Museen und Kultureinrichtungen wie etwa Theater und Galerien. In der globalen Kunstwelt als Leistungsschau zeitgenössischen Schaffens anerkannt ist die seit 1993 jährlich abgehaltene Biennale. Auch sind in Sharjah mehrere qualitätvolle, in Kooperation mit angelsächsischen Partnerinstituten betriebene Universitäten und Colleges zu Hause. Der neoorientalische Prunk all dieser Repräsentationsbauten korrespondiert mit jenem des pompösen Neuen Suq. Allerdings wachsen, dem Zeitgeist und Dubaier Vorbild entsprechend, auch an den Rändern dieser rund um die Lagune Khor Khalid gelegenen Stadt rudelweise Wolkenkratzer himmelwärts.
Sharjah strotzt geradezu vor Reichtum, vergleicht man es mit den beiden nördlich angrenzenden Duodezstaaten Ajman und Umm al Qaiwain. Diese zählen lediglich 260 000 beziehungsweise 70 000 Einwohner und fristen ähnlich wie das am Indischen Ozean gele-

1 Das Fort al Hisn in der Altstadt von Sharjah wurde 1820 errichtet, später demoliert und 1999 wieder aufgebaut. **2** Ein prachtvolles Regierungsgebäude an der Khalid-Lagune. **3** Zentrale Halle von Sharjahs Neuem Suq. **4** Eine von vielen Prunkmoscheen.

gene Emirat Fujairah, auch in touristischer Hinsicht ziemlich irrelevant, bis heute ihr Dasein weitgehend abseits des Weltgeschehens. Wobei Ajman in jüngster Zeit massiv von seiner geografischen Nähe zu Dubai als Wohngebiet für Pendler profitiert und sich eines gewissen Baubooms erfreut.

Eine deutlich größere Rolle spielte historisch Ras al Khaimah: Es galt, damals noch unter dem Namen Dschulfar, über Jahrhunderte als Hochburg jener Piraten, die entlang der Golfküste ihr Unwesen trieben, und stand dementsprechend auch im Zentrum der kriegerischen Auseinandersetzungen mit den Kolonialmächten Portugal und Großbritannien. Bis heute vermittelt dieses nördlichste der Vereinigten Emirate einen eher ländlichen Eindruck. Es besitzt ausgedehnte Dattelpalmen- und Orangenhaine, außerdem ein Schotter- und ein Zementwerk, eine Handvoll Fabriken, ein hübsches Museum und einen – jawohl, internationalen – Flughafen. Allerdings macht sich auch hier der fast überall in der Region beschleunigte Fortschritt in Form neuer Niederlassungen internationaler Firmen, von Hotel- und Real-Estate-Projekten bemerkbar.

Abu Dhabi, Sharjah und die kleinen Emirate

Attraktionen in Abu Dhabi

Petroleum-Museum, Corniche Road East, Sa–Mi 7–14 Uhr, Eintritt frei. Umfassende Hintergrundinfos zum Thema Erdöl und Erdgas, historische Fotos und Filme aus den Jahren vor dem Ölboom, die Arbeit, Freizeit und Sozialleben der Bevölkerung dokumentieren.
Heritage Village, Mussafah Road (nahe Airport Road), tgl. 8.30–17 Uhr, Eintritt frei. Replik eines Beduinenlagers von einst mitsamt Palmenwedelhütten, historischen Haushaltsutensilien, Werkzeugen, Waffen usw. Besucher können selbst Seile drehen, auf Kamelen reiten, arabischen Mokka schlürfen; freitags Falkenflugschau.
Cultural Foundation, Airport Road (gegenüber Etisalat-Zentrale), Sa–Do 8–14 und 17–21.30 Uhr, Eintritt: variabel. Multifunktionales Kulturzentrum für Lesungen, Konzerte, Vorträge, Ausstellungen von Gegenwartskunst.

Ausflugsorte

Futaisi Island: 40 qkm große, teilweise unter Naturschutz gestellte Insel in Stadtnähe mit touristischer Infrastruktur, u. a. im Angebot: Pferderitte, Mietchalets am Strand.
Liwa: 70 km langer Oasenkranz, zwei Autostunden südwestlich von Abu Dhabi, üppige Palmenhaine vor goldgelben, über 100 m hohen Sanddünen.

Attraktionen

In Sharjah: »Sharjah Arts Area« mit Kunstmuseum, diversen Galerien und Art Centre; »Heritage Area« mit traditioneller Architektur, Cafés, Märkten und dem Islam-Museum; Bait al Naboodah mit Heritage Museum, Bait al Gharbi mit Windtürmen, rekonstruiertes Fort al Hosn, Madschlis (Versammlungs-

4

ort) von Ibrahim Mohammed Al Midfa, Wissenschaftsmuseum, Themenpark »Discovery Centre«, Desert Park mit Naturhistorischem Museum, Lagune Khor Al Khan.
In Ras al Khaimah: Das mit archäologischen und volkskundlichen Objekten gut bestückte Nationalmuseum im zentralen Fort; Kamelrennen in Digdagga, heiße Quellen in Khatt.
In Fujairah: Fujairah-Fort, Museum und Heritage Village, (unblutige) Stierkämpfe, Strandresort und Tauchrevier von Al Aqah (Hotel Le Meridien), Schwefelquellen von Al Ghanour, Dorf Bithna im Wadi Ham, Quellwasserfälle im Wadi Wurrayah; für Bergtouren und Ausflüge: die Hadschar-Berge.
In Ajman: Das volkskundliche Museum in der alten Polizeifestung.
In Umm al Qaiwain: Der 250 000 qm große »Dreamland Aqua Park« mit Rafting River, Wellenbad und 25 Rutschen, Vogelbeobachtung in der Lagune Khor Al Baydah und auf der mit dem Mietboot erreichbaren Insel Djazirat Al Sinniya.

1

2

3

4

Märchenschloss im Beduinenland

Abu Dhabis »Emirates Palace« – ein Palast aus 1001 Nacht

Was für Dubai das segelförmige Burj al Arab, ist für Abu Dhabi das Emirates Palace Hotel: »das« Symbol des Hotelgewerbes für eine Ära, in der Geld abgeschafft zu sein scheint und Luxus keine Grenzen kennt.

Das Staunen erfasst den Neuankömmling. Da leuchtet ihm am südwestlichen Ende der Uferprachtstraße Corniche ein Palastkomplex entgegen, den er, wüßte er's nicht besser, für die denkmalgeschützte Privatresidenz des Herrschers halten müsste – so vergleichsweise altehrwürdig wirkt der nur wenige Stockwerke hohe Bau im Wolkenkratzer-Weichbild Abu Dhabis, der himmelwärts strebenden Hauptstadt der Föderation. Abgeschirmt vom Getriebe liegt er inmitten eines eigens angelegten, rund 100 Hektar großen Parks. Drei Milliarden Dollar kostete das Märchenschloss. Von der in Genf ansässigen Betreibergesellschaft Kempinski gemanagt, stellt es seit seiner Eröffnung im Februar 2005 selbst die extravagantesten Maßstäbe der übrigen Tophotellerie am Golf in den Schatten. Offiziell trägt es wie sein Imagerivale in Dubai, das Burj al Arab, auch fünf Sterne – das Maximum der von internationalen Lizenzierungsfirmen vergebenen Anzahl. In der Eigendarstellung jedoch wirbt das Hotel, das sich stolz als »Palast« bezeichnet, mit einem Siebensternestatus.

Seine Entstehungsgeschichte unterstreicht die herausragende Qualität: Ursprünglich war es als Ort einer innerarabischen Großkonferenz konzipiert. Doch wenige Wochen vor dem geplanten Get-together, im November 2004, verstarb Scheich Zayed bin Sultan Al Nahyan, der Gründer und jahrzehntelange Präsident der Vereinigten Emirate. Die hochehrwürdigen Scheichs tagten aus Pietätsgründen anderswo. Der in mehr als vierjähriger Bauzeit errichtete Riesenkomplex wurde kurzerhand in ein Hotel umgewidmet. »Heute beherbergen wir circa ein Drittel Staatsgäste, ein Drittel Geschäftsleute beziehungsweise Konferenzteilnehmer und ein Drittel Urlauber«, sagt Gerhard Bosse, der deutsche Vizechef über die mehr als 1500 Angestellten. Die ursprüngliche Bestimmung spiegelt sich unter anderem darin wider, dass Personen mit allerhöchstem Sicherheitsbedürfnis eine exklusive Zufahrtsmöglichkeit geboten wird: Ihre Wagenkolonne kann, total abgeschirmt von den anderen Gästen, an der Eingangshalle vorbei über eine eigene

1 An Wasser herrscht, wie dieser Brunnen an der Marina Mall beweist, keinerlei Mangel. **2** Dekordetail im Emirates Palace Hotel. **3** In der Lobby des Prunkhotels erinnert ein Gemälde an Sheikh Zayed bin Sultan Al Nahyan, den »Vater der VAE«. **4** Die zentrale Kuppel ist 60 Meter hoch.

1 Gesamtansicht des drei Milliarden Dollar teuren Hotelkomplexes. **2** Einer der schier endlosen Flure. **3** Der hoteleigene Strand mit einem Teil des zugehörigen 100 Hektar großen Parks. **4** Auch im Badezimmer der Suiten droht nicht gerade Platzangst. **5** Einer von mehreren weitflächigen Swimmingpools.

Rampe direkt zu den Privatgemächern emporrauschen. Besonders Eiligen stehen zwei Hubschrauberlandeplätze zur Verfügung.

Die Fassaden des Gebäudes, deren dezenter rötlich-braungrauer Naturstein die Schattierungen des Wüstensands imitiert, sind mit einer Länge von 2,5 Kilometern fast doppelt so lang wie jene von Schloss Versailles, seine insgesamt 114 Kuppeln sind mit Blattgold überzogen. Abends strahlt der Bau, der eine Fläche von fast 250 000 Quadratmetern bedeckt, raffiniert illuminiert in vielerlei Farben. Vor dem Eingangstor, das mit einer Höhe von 40 Metern selbst den Pariser Arc de Triomphe übertrumpft, parken schneeweiße Limousinen Marke Maybach und Rolls-Royce – respektvoll gehegt und gepflegt von schwarzhäutigen Livrierten, wie sie Leni Riefenstahl nicht besser hätte casten können. Das Atrium hat die Größe einer Tennishalle, seine Kuppel einen Durchmesser von 42 Metern. Der Ballsaal bietet bis zu 2800 Personen Platz. Die Gäste schreiten über dickflauschige Teppiche durch eine sinnenbetörende Symphonie aus Marmor, Blattgold und Glas. Mehr als tausend Kronleuchter tauchen, übersät mit Swarovski-Kristallen, die Innenräume in Glitzerlicht. Mehrmals pro Woche werden Tausende frisch gepflückte Rosen eingeflogen.

Alle 394 Zimmer und Suiten – deren größte 1500 Quadratmeter messen und pro Nacht rund 15 000 Euro kosten – sind mit einem Multimediasystem und einer Touchscreen-Fernbedienung für Licht, Klimaanlage und Entertainmentprogramm ausgestattet. Auf interaktiven 50-Zoll-Plasmafernsehern kann man nach Herzenslust im

Internet surfen. Jedes Badezimmer verfügt über eine separate Dusche, einen Balkon mit Blick auf den Park oder das Meer.
Die Infrastruktur der Luxusherberge umfasst zudem für kulturelle Veranstaltungen ein Amphitheater, Tennisplätze, Gym, zwei kolossale Swimmingpools, einen weitläufigen Kinderspielbereich sowie an die zwei Dutzend Edelläden und zehn Restaurants, darunter die Brasserie »Le Vendôme«, für Italophile das »Mezzaluna« und für den gepflegten Nachmittagstee bei Sandwich und Kuchen das »Al Majlis«. Labsal für Leib und Seele verspricht das Anantara Spa. Gäste auf der Suche nach Entspannung, Verjüngung oder medizinischer Behandlung können dort unter anderem zwischen Ayurveda- und Hot-Stone-Therapie, Balinesischer, Schwedischer und Thai-Massage wählen. Ein marokkanisches Hammam lädt stilecht zum genüsslichen Schwitzen ein. Als besonderes Atout erweist sich der hoteleigene Strand. Er ist 1,3 Kilometer lang und mündet in einen nicht minder großzügig bemessenen Jachthafen, dem ein professionell ausgerüstetes Diving Center angeschlossen ist. Sein weißer, makellos feiner Sand wurde eigens aus Nordafrika herbeigeschafft und macht das »Emirates Palace« zu Abu Dhabis einzigem veritablen Beachresort. Die Hotels der Innenstadt besitzen, wenn überhaupt, allenfalls Freibäder. Und der öffentliche Strand der 600 000 Einwohner-Metropole ist alles andere als eine Offenbarung.

Das »Emirates Palace« und mehr in Abu Dhabi

Emirates Palace Hotel, P.O.Box 39999, Tel. 02-6909000, Fax 6909999, www.emiratespalace.com. Der Rolls-Royce der örtlichen Hotellerie mit Ausmaßen und Ausstattung eines Märchenpalasts aus 1001 Nacht; höchster Luxus und modernste Hightech; hier ist alles *king size* von der Lobby übers Doppelbett bis zum Frühstücksbüfett.
Beach Rotana, Tourist Club Area, P.O.Box 45200, Tel. 02-6443000, Fax 6442111, www.rotana.com. Ein Mitglied der Leading Hotels of the World. Dementsprechend hoch ist der Standard. Die Zimmer: schick gestylt und extrem geräumig, jedes mit Jacuzzi im Bad; gepflegter hoteleigener Strand, Zen-Spa, State-of-the-art-Fitnessclub; Zusatzplus für Shoppingfreunde: die Lage direkt neben der namhaftesten und exklusivsten Mall der Stadt.

5

InterContinental Abu Dhabi, P.O.Box 4171, Al Khalidiya Street, Tel. 02-6666888, Fax 6669153, www.abu-dhabi.intercontinental.com. Die Gründe, weshalb diese Luxusherberge als erste Wahl für Geschäftsreisende gilt, sind nicht nur – nomen est omen – die zu erwartende erste Güte in Service und Ausstattung, sondern auch die ruhige Lage etwas außerhalb der Stadt, der idyllische Strand und die schöne Aussicht auf die Marina.
Millennium Hotel, P.O.Box 44486, Khalifa Bin Zayed Street, Tel. 02-6262700, Fax 6260333, www.millenniumhotels.com. Vom Kristallkronleuchter in der Lobby bis zum Marmorbad im Zimmer – hier ist Topqualität oberstes Gebot; Service – Marke gediegenes Understatement, Prachtpanorama auf städtische Gärten und Corniche.
Novotel, P.O.Box 47136, Sheikh Hamdan Street, Tel. 02-6333555, Fax 6343633, www.novotel.com. Tadelloses Vier-Sterne-Hochhaus im zentralen Geschäfts- und Einkaufsviertel, wenige Minuten von der Corniche entfernt; etliche Restaurants (französisch, chinesisch, europäisch) und Bars, geräumige Zimmer, kürzlich von Grund auf renoviert.

1

2

3

4

Wo die Präsidentenwiege stand

Al Ain – die »Gartenstadt des Arabischen Golfs«

Die eineinhalb Fahrstunden östlich von Abu Dhabi gelegene Oasenstadt liegt an der Grenze zum Oman. Als Geburtsort des 2004 verstorbenen Staatsgründers Scheich Zayed Al Nahyan präsentiert sie sich als großzügig gestaltetes und grünes Universitätszentrum.

Wilfred Thesiger, der legendäre britische Abenteuerreisende und Buchautor, benötigte vor einem halben Jahrhundert für die Strecke auf dem Rücken eines schnellen Batinah-Kamels vier Tage. Sein Landsmann und Archäologe Geoffrey Bibby schaffte sie 1959 in seinem Landrover dünenauf und dünenab immerhin in einem Viertel der Zeit. Heutzutage bewältigt man die 160 Kilometer von Abu Dhabi nach Al Ain auf einem sechsspurigen Highway in knapp eineinhalb Stunden. Von der Küste kommend, wird man am Stadtrand an einem Verkehrskreisel von einer überdimensionalen Dalla begrüßt, jener im Alltag für gewöhnlich aus Kupfer getriebenen Kaffeekanne, die als Symbol für arabische Gastfreundschaft gilt und deshalb auch die Ein-Dirham-Münze des Landes ziert. Folgt man von hier der Emirates Street Richtung Zentrum, passiert man nicht nur das riesige Fußballstadion Sheikh Tahnoun bin Mohammed, sondern auch den massiven Komplex der University of the United Arab Emirates, die 1976 als erste Hochschule des Landes eröffnet wurde.

Was sofort auffällt: Hier im Hinterland gibt es ungleich weniger Hochhäuser als in den Metropolen entlang der Küste. Dafür besitzt die mittlerweile auch schon mehr als eine halbe Million Einwohner zählende Wüstensiedlung, deren Grundfläche annähernd jener von Paris entspricht, Dutzende äußerst gepflegte Parks, weitläufige Gartenanlagen und Landwirtschaftsbetriebe (Al Ain ist die arabische Bezeichnung für »Quelle«). Eingebettet ist die Stadt allerdings in ein schier endloses Meer aus Sanddünen mit Wellenkämmen von nicht selten über 100 Metern Höhe.

Ursprünglich war Al Ain eines von neun Dörfern, die über ein 30 Quadratkilometer großes Oasengebiet verstreut lagen. Um das Siedlungskonglomerat, das den Namen des Ortes Buraimi trug, brach 1952 ein bewaffneter Konflikt aus. Saudi-arabische Truppen fielen mit Unterstützung der Arabian-American Oil Company in die noch unbedeutende, von Muscat und Abu Dhabi gemeinsam

1 Die Straße auf den Djebel Hafeet, Al Ains Aussichtsberg. **2** Die Sanddünen im Umland erreichen oft eine Höhe von über 100 Metern. **3** Im Fort von Al Ain ist heute das Palastmuseum untergebracht. **4** Im Stadtzentrum laden zahlreiche Gartenanlagen zum Promenieren ein.

1 Rund um Al Ain wogt ein Meer aus rötlich-goldenem Sand. **2** Blick vom Djebel Hafeet, im Hintergrund: die Oasenstadt. **3** Im Palastmuseum … **4** … und sein Eingang. **5** Das Hili-Rundgrab im Archäologiepark ist circa 4700 Jahre alt. **6** Pool des Mercure Grand Hotel auf dem Djebel Hafeet.

verwaltete Oase ein. Ihr Ziel war, sich langfristig den Zugriff auf die westlich der Hadschar-Berge im inneren Oman vermuteten Ölvorkommen zu sichern. In jenen Jahren war der Grenzverlauf, wie so oft in dieser Region, noch keineswegs klar definiert. Nachdem die Briten auf Seiten der Omaner eingegriffen und sich die Saudis zurückgezogen hatten, setzte man sich an den grünen Tisch. Doch erst 1974 akzeptierte Riad formell die noch heute gültige, offene Grenze, die den Ort in eine östliche Hälfte, das omanische Buraimi, und eine westliche, das zu Abu Dhabi gehörige, sechs ehemalige Dörfer umfassende Al Ain, teilt.

Letzteres ist der Geburtsort von Scheich Zayed bin Sultan Al Nahyan, der bei der Gründung der Vereinigten Arabischen Emirate 1971 maßgeblich die Fäden zog und bis zu seinem Tod im Jahr 2004 als deren Präsident fungierte. Seine Hoheit sorgte nicht nur für das großzügige und elegante Erscheinungsbild seiner Heimatoase und deren hervorragende Infrastruktur. Indirekt verdankt sie ihm wohl auch solche Extravaganzen wie jene in einem Lunapark errichtete Eishalle, in der die Einheimischen bei 50 Grad Außentemperatur mit Wollsocken unter ihren Dischdaschas auf Schlittschuhen ihre Runden drehen. Etwas außerhalb, in einem Ausflugspark, hat man eines jener fast 5000 Jahre alten Rundgräber rekonstruiert, wie sie Archäologen am Fuß des nahen, 1340 Meter hohen Djebel Hafeet, im Nachbarort Hili und auch auf der Abu Dhabi vorgelagerten Insel Umm an Nar zuhauf gefunden haben.

Hauptattraktion von Al Ain ist jene Festung namens Al Hosn alias Eastern Fort, in der Scheich Zayed 1918 das Licht der Welt erblickte und sein Vater in den zwanziger Jahren regierte. In Zeiten des Friedens als Verteidungsanlage obsolet, hat man den Lehmbau mit seinen hohen, zinnenbewehrten Mauern und den vier massiven Rundtürmen sorgsam renoviert und in ein Museum verwan-

delt. Seine Sammlungen sind in sieben Abteilungen gegliedert und umfassen neben zahlreichen archäologischen und volkskundlichen Exponaten auch all jene Geschenke, die Scheich Zayed als Präsident von Gästen aus aller Welt dargebracht bekam. Besonders aufschlussreich ist die Kollektion historischer Fotografien. Auf einer ist Zayed im Kreise seiner Getreuen zu sehen: Er tanzt barfuß und mit dem Gewehr in der Hand auf der Feier von Bayram, dem Fest des Fastenbrechens, im Sand. Welchen zivilisatorischen Quantensprung dieser Mann erlebt hat! In seiner Jugend amtierte er viele Jahre als Gouverneur von Al Ain. Sein Stamm war bettelarm und dessen Oberhaupt, Zayeds Bruder Schachbut, ein Primus inter Pares, den jedermann jederzeit aufsuchen konnte und dessen Ansehen und Einfluss ausschließlich auf seinem Charisma und seinem Sinn für Gerechtigkeit beruhten. Als dann die Flut der Petrodollars hereinbrach und er – 1966, in einem unblutigen Putsch – Schachbut, der das Geld im Palast hortete, statt es in den Aufbau des Landes zu investieren, stürzte, mutierte Zayed binnen weniger Jahre zu einem der reichsten Männer der Welt. Fortan residierte er, wie nunmehr auch sein Nachfolger, Scheich Chalifa bin Zayed Al Nahyan, stets von schwer bewaffneten Leibwächtern umgeben, in unvorstellbar luxuriösen Palästen und bekommt seinen höfischen Alltag von mehreren Protokollchefs organisiert.

Die Oasenstadt Al Ain

Anreise
Von Abu Dhabi mit Mietwagen, Taxi oder Bus auf dem Highway 160 km ostwärts (Abfahrt von der Central Bus Station der Hauptstadt).

Attraktionen
Nationalmuseum auf dem Gelände des historischen Al-Hosn-Fort, Kamelmarkt (der einzige des Landes, auf dem man die Vierbeiner öffentlich zum Kauf feilbietet; unbedingt am frühen Morgen besuchen!), Hili National Archeological Park mit dem

6

restaurierten Rundgrab aus der Umm-an-Nar-Periode, dem 3. Jahrtausend v. Chr., Vergnügungspark Hili Fun City mit Eishalle, Zoo mit Aquarium, Al Ain Golf Club, Panoramastraße auf Al Ains Hausberg, den Djebel Hafeet, und zu dessen Füßen das Quellgebiet von Green Mubazzarah; auf omanischer Seite: Suq von Buraimi sowie die Forts Qasr Al Khandaq und Hosn al Hillah.

Übernachten
Mercure Grand Jebel Hafeet, Djebel Hafeet, P.O.Box 24476, Tel. 03-7838888, Fax 7839000, resa@mercure-alain.ae, www.accorhotels.com. Gepflegtes Viersternehaus mit tadelloser Infrastruktur, drei Restaurants, Tennisplätzen und mehreren Swimmingpools samt großen, in sich verschlungenen Wasserrutschen. Großer Trumpf: die einmalige, luftige Lage in 915 m Höhe auf dem Djebel Hafeet; herrlicher Panoramablick auf Stadt, Wüste und Hadschar-Gebirge.
Intercontinental, Khalid Ibn Sultan Street, P.O.Box 16031, Tel. 03-7686686, Fax 7686766, www.intercontinental.com. Fünfsterneluxus inmitten einer üppigen Grünanlage, Ausstattung und Service dem Renommee der Hotelkette entsprechend, besonders vielfältige hauseigene Gastronomie. Restaurant »The Wok« (asiatisch), »Arabesque« (internationales Büfett), »Tanjore's« (indisch), »Luce« (italienisch).

Informationen
Keine Tourismusbüros in der Stadt, aber kleine Infostände in den Hotels Hilton und Intercontinental.

Katar / Bahrain / Kuwait

Tête-à-tête an der Corniche von Doha, der Hauptstadt Katars.

1

2

3

4

Weltoffenheit als Erfolgsprinzip

Katar – kleines Emirat mit kolossalen Plänen

Der Welt größtes Erdgasfeld macht's möglich: Der kleine Wüstenstaat, bekannt als Heimat des Senders Al Jazira, ist auf dem besten Weg zum Touristen-Wunderland. Doch statt auf Massenbetrieb baut man in der Hauptstadt Doha auf Edelresorts und Kunstmuseen.

Nein, natürlich haben sie nichts mit den Katharern zu tun, jenen Ketzern des Hochmittelalters, die, vornehmlich in Südfrankreich, das Böse in der Welt durch strenge Askese zu überwinden suchten und von der heiligen Inquisition blutig verfolgt wurden. Eine radikal-christliche Glaubensbewegung als Kernbevölkerung eines heutigen Staates der Arabischen Halbinsel – und eines immens reichen noch dazu? Undenkbar! Ein kleines »h« macht den großen Unterschied.

Die Katarer sind, der Leser verzeihe den etwas abwegigen Einstieg ins Thema, selbstverständlich Muslime, und zwar sunnitische – geistig dem puritanischen Wahhabismus nahe, wenngleich merklich gemäßigter und konzilianter als die saudischen Nachbarn. Ihre Heimat, eine wasserarme, 1150 Quadratkilometer große, ovale Halbinsel, die auf halber Strecke zwischen dem Schatt el Arab und der Straße von Hormus, einem Daumen gleich, in den Arabischen Golf ragt, wurde nicht nur niemals vom Radar der Römischen Kurie erfasst, sondern lag ungewöhnlich lange generell im Windschatten der Weltgeschichte.

Gewiss, auch in Katar zeugen wie in Bahrain, Abu Dhabi und Kuwait frühgeschichtliche Gräber von sehr zeitiger Besiedlung. Doch sowohl in spätantiker Zeit, als es zum Einflussgebiet des Perserreichs zählte, als auch nach der Islamisierung seiner Bewohner, als es Teil des zunächst omajjadischen, später abbasidischen Kalifenstaats war, spielte das Land politisch und ökonomisch eine periphere Rolle. Erst mit der Besatzung durch die Osmanen (1638) und die zunehmenden Machtkämpfe zwischen den europäischen Kolonialmächten um die Handelswege nach Indien und in den Fernen Osten gewann es allmählich an Bedeutung. Die grundlegenden Weichen für eine nachhaltigere Entwicklung wurden um 1750 durch den Zuzug von Beduinenstämmen aus Innerarabien gestellt. Unter ihnen befand sich auch jene Familie namens Al Thani, die Katars Geschicke bis heute lenkt.

1 Im »Bird Center« in Dohas Altem Suq. **2** An der Corniche erinnert eine überdimensionale Perlmuschel an die frühere Haupteinkommensquelle. **3** Neue Architektur mit alten Formen. **4** Das Minarett des »Islamic Information Center« zieht im Stadtzentrum die Blicke auf sich.

1

2

3

1 Der Bauboom in Dohas Bezirk West Bay hat in jüngster Zeit nahezu dubaische Dimensionen angenommen. **2** Das pyramidenförmige Sheraton Hotel aus den siebziger Jahren schließt die Doha-Bucht im Westen ab. **3** Freitägliches Familienidyll … **4** … und einer von immer mehr Wolkenkratzern an der Corniche.

Die Al Thani rangen über Generationen mit dem etwa zeitgleich aus dem heutigen Kuwait eingewanderten Stamm der Al Khalifa (der seit damals übrigens unangefochten in Bahrain regiert) um die Vorherrschaft. Im Laufe des Konflikts eroberten sie die an der Nordwestküste gelegene, als Zentrum des Perlenhandels bedeutsame erste Hauptstadt, Al Zubara (1837), und gründeten wenig später, um ihren Anspruch auf die gesamte Halbinsel zu untermauern, die Stadt Al Bida, das spätere Doha. 1868 schlossen die Al Thani einen Schutzvertrag mit Großbritannien. Es folgten Jahrzehnte des diplomatischen Lavierens zwischen den Machtgelüsten Londons und Konstantinopels, ehe das Land 1916, nicht zuletzt als Reaktion auf die Expansionspolitik der saudischen Nachbarn, endgültig britisches Protektorat wurde.

1971 erklärte Katar, dessen in den dreißiger Jahren noch bettelarme Bevölkerung mittlerweile dank ergiebiger Erdölfunde beträchtlichen Wohlstand genoss, seine Unabhängigkeit. Heute gilt

das kleine Emirat auf dem Energieträgermarkt als Großmacht. Seine Ölreserven reichen bei konstanter Fördermenge noch circa 30 Jahre. Das Erdgas in seinem Boden, geschätzte 25 Billionen Kubikmeter, entspricht sogar rund fünf Prozent der weltweit bekannten Vorräte. Seit 2007 gilt das Emirat, noch vor Russland und dem Iran, als größter Erdgasexporteur der Welt. Das Pro-Kopf-Bruttoinlandsprodukt der Katarer betrug in jenem Jahr 87 000 US-Dollar, etwa zweieinhalbmal so viel wie das der Deutschen. Gegenwärtig zählt Katar 900 000 Einwohner. Zwei Drittel von ihnen leben in der Hauptstadt Doha, doch nur etwa ein Viertel besitzt die Staatsbürgerschaft. Die übrigen Bewohner sind Gastarbeiter aus Pakistan, Indien, Bangladesch und von den Philippinen, aber auch aus dem Iran und den arabischen Bruderländern wie Syrien und Ägypten, ohne die, wie überall am Golf, das Dienstleistungs- und Baugewerbe schlagartig zusammenbräche.

Aus Sicht von Erholungs- oder Abenteuerreisenden scheint es sich bei dem Emirat auf den ersten Blick um ein ziemlich unspektakuläres Stück Arabien zu handeln. Im Süden, wo der Daumen an der großen Landmasse der Halbinsel angewachsen ist, bestimmen *Sabkhas*, öde Salzsümpfe, das Bild. Freilich setzt hier Khor al Udaid,

1 Traditionelles Ambiente im Suq al Waqif an der Grand Hamad Street. **2** Fotopause am Obst- und Gemüsemarkt. **3** Mitten im Alten Markt geben sich täglich die Falkner ein Stelldichein. **4** Ein Wandmosaik erinnert an alte, gar nicht ferne Zeiten.

ein 150 Quadratkilometer großer, ultramarinblau irisierender, von Sicheldünen eingefasster Salzwassersee, einen betörend schönen landschaftlichen Kontrapunkt. Nach Norden steigt das Terrain, das mit einem durchschnittlichen Jahresniederschlag von nicht einmal 100 Millimetern zu den trockensten der Erde zählt, leicht zu einer bis knapp 100 Meter hohen, mit Ausnahme ganz weniger Oasen vegetationslosen Kalksteinebene an. Katars Strände sind zwar lang, teilweise feinsandig und fast durchweg menschenleer, doch entbehren die allermeisten jeglicher touristischer Infrastruktur. Als Höhepunkt eines Urlaubsaufenthalts galt hierzulande lange Zeit das Wadi Bashing, bei dem man mit dem Geländefahrzeug in wilder Fahrt die Dünen schräg und quer, rauf und runter rast, bis sich, beim Neuling zumindest, Kopf und Magen drehen. Nach Sonnenuntergang empfahl sich eine Promenade auf der Corniche entlang der halbmondförmigen Doha Bay (der Stadtname bedeutet auf Arabisch »die Bucht«) – in weitem Bogen vom alten Fischerhafen mit der überdimensionalen Kunststoff-Auster, die an den Perlenhandel als frühere Haupteinnahmequelle erinnern soll, vorbei an Clock Tower, Großer Moschee, neuem Emirpalast und sattgrünen Parks bis zum pyramidalen Hotel Sheraton im äußersten Westen. Als Ergänzungsprogramm besuchte man das Nationalmuseum im ehemaligen Emirpalast, den Zoo oder das Zentrum für Kunsthandwerk in der Festung Al Koot und unternahm – vielleicht – noch einen Ausflug nach Al Zubara oder zur Dhauwerft nach Al Wakra. Aufsehenerregend war dies alles nicht, zumal sich auch die Suqs als eher unscheinbare Märkte und ein Nachtleben als nicht existent erwiesen.

Ein markanter Entwicklungsschub erfolgte 1995. Im Juni jenes Jahres entthronte der heutige Emir Hamad Bin Khalifa al Thani in einem gewaltlosen Putsch seinen Vater. Seit damals stehen die politischen Zeichen eindeutig auf Demokratisierung. Zunächst wurde auf obersten Befehl hin das Informationsministerium und damit die

allmächtige Zensurbehörde abgeschafft. Zugleich gründete der Emir den Fernsehsatellitensender Al Jazira, der als erstes Massenmedium im arabischen Raum aktuelle Themen kritisch und kontrovers behandelt und sich deshalb hoher Einschaltquoten erfreut. Überhaupt herrscht in dem Land eine für die Region ungewöhnlich große Meinungsfreiheit. Gleich zwei Menschenrechtsorganisationen sind hier tätig. 1999 wurden erstmals freie Wahlen für ein beratendes Kommunalparlament abgehalten, bei denen auch Frauen passives und aktives Wahlrecht genossen. 2005 trat eine neue Verfassung in Kraft, die den gerichtlichen Instanzenweg ordnet, die Gleichheit von Mann und Frau festschreibt und die Scharia, die islamische Rechtslehre, zwar als eine zentrale, aber nicht mehr als die alleinige Rechtsquelle definiert. Auch die Bildungspolitik wird beispielhaft modernisiert: Koedukation und Zweisprachigkeit stehen auf der Tagesordnung. Während 1970 noch zwei Drittel der Erwachsenen Analphabeten waren, liegt die Rate bei den Jüngeren heute bei unter zehn Prozent. Etliche US-Eliteuniversitäten haben in Katar »Zweigstellen« eröffnet. Weit über die Landesgrenzen hinaus bekannt ist Aspire, die »Akademie für sportliche Höchstleistungen«.

Auch rein optisch erinnert nichts mehr an die Zeit vor der Entdeckung des Erdöls, als die Katarer noch mehrheitlich vom Fischfang und vom Perlenhandel lebten. Glas- und Stahltürme wachsen in futuristischen Formen himmelwärts. Ihnen zu Füßen verwandeln sich Sand- und Schotterflächen in grüne Villenparadiese. Hotspots des Immobilienbooms sind der Bezirk West Bay und, weiter westlich, die Zonen von Lusail, North Beach, Barwa und Entertainment City sowie, als stolzestes Vorzeigeprojekt, »The Pearl«, das nach dem Muster von Dubais »Palm« und »World« auf einer 400 Hektar großen, künstlichen Insel Villen und Wolkenkratzer-Apartments für mehr als 40 000 Bewohner Platz bietet. Bereits 2006 baute man aus Anlass der Asienspiele den größten Sportpalast der Welt. Die Kandidatur für die Olympischen Sommerspiele 2016 ist eingereicht. Zugleich hat man im Stadtzentrum mit dem neuen Suq al Waqif einen traditionellen Basarbezirk geschaffen – ohne Autoverkehr, dafür mit vielen gemütlichen Ecken, Gassen und Höfen zum

Flanieren, Restaurants und Wasserpfeifen-Cafés zum Relaxen sowie Kunst- und Handwerksläden zum lustvollen Stöbern.
Beachtliches tut sich auch im Kulturbereich und auf dem Tourismussektor. So ist Qatar Airways in letzter Zeit, ähnlich wie Etihad Airways, die Rivalin in Abu Dhabi, dank Investitionen in Milliardenhöhe mächtig durchgestartet. Ein neuer Flughafen für jährlich 50 Millionen Passagiere wird demnächst den bisherigen, kürzlich erst modernisierten ersetzen.
Zudem werden praktisch im Monatsrhythmus neue Luxushotels eröffnet. 2008 waren in und um Doha mehr als drei Dutzend in Bau oder Planung. Laut örtlicher Tourismusbehörde wird dabei in erster Linie auf gehobenen Geschäfts- und Kongresstourismus gesetzt. Denn zum einen wäre es wohl noch verfrüht, das Land als Badeferienziel par excellence zu vermarkten. Zum anderen beobachten die selbstbewussten Katarer die Entwicklung im nahen Dubai mit sehr gemischten Gefühlen. Ein solches »arabisches Las Vegas« möchte man, mit Verlaub, nicht werden. Da setzt man mittelfristig doch lieber auf die Zielgruppe der schöngeistigen Individualisten unter den Erholung Suchenden. Für sie ließ man den chinesisch-amerikanischen Stararchitekten Ieoh Ming Pei, der die

1 Willkommen in der Club Lounge in der obersten Etage des Ritz-Carlton Hotel … **2** … und in einem Standardzimmer. **3** Der Blick in das 23-stöckige Atrium macht die Dimensionen des Luxushotels bewusst. **4** Der kleine, aber feine Poolbereich aus der Vogelperspektive. **5** An der Rezeption der Club Lounge.

gläserne Pyramide des Pariser Louvre schuf, ein spektakuläres Museum für Islamische Kunst bauen (eröffnet im November 2008). Rechtzeitig für 2010, wenn Doha UNESCO-Kulturhauptstadt der Arabischen Welt sein wird, werden auch das Museum der Fotografie, entworfen von dem Spanier Santiago Calatrava, und die Nationalbibliothek des Japaners Arata Isozaki fertig sein. Im Herbst 2008 gab das Qatar Philharmonic Orchestra unter Leitung von Lorin Maazel sein Konzertdebüt. Ab 2009 wird Robert De Niro in Doha ein internationales Filmfestival organisieren. Und gute Nachrichten gibt's auch für passionierte Radfahrer zu vermelden: Seine Hoheit Scheich Tamim, seines Zeichens Kronprinz und oberste Instanz in allen offiziellen sportlichen Belangen, rief nach einem Besuch der Tour de France kurzerhand eine – unter der Schirmherrschaft des legendären Eddy Merckx stehende – Tour de Qatar ins Leben. Für die unmittelbare Zukunft ist auch der Bau eines sieben Kilometer langen Fahrradwegs von der Innenstadt bis zur West Bay angekündigt. Der Clou: Der gesamte Radweg wird überdacht und mittels Sprühnebel aus gekühltem Grundwasser klimatisiert sein. 19 Grad, so die Experten, seien die Idealtemperatur, um in diesen Breitengraden entspannt in die Pedale zu treten.

Katar

Anreise
Direktflüge nach Doha u. a. von Frankfurt, München, Berlin, Zürich und Wien mit Lufthansa beziehungsweise Qatar Airways; außerdem zahlreiche Umsteigeverbindungen, etwa via Bahrain, Dubai und Abu Dhabi.

Attraktionen
In Doha: Corniche mit Dhau-Hafen, Museum für Islamische Kunst, Nationalbibliothek, Fotografie-Museum, National- und Seefahrtsmuseum, Trachten- und Textilmuseum, Festung Al Koot, Suq al Waqif mit Art Center, Zentral- und Goldmarkt, Erholungsgebiete Al-Bida-Park und Palm Tree Island, Al-Rumaila-Park mit Heritage Village, Waffenmuseum im Bezirk Al Luqta; *außerhalb der Hauptstadt:* Pferderennen in Al Rayyan, Kamelrennen und Al Maha Sanctuary (Oryx-Reservat) in Al Shahaniya, Al Zubara (archäologische Reste und Festung), Fischerhäfen in Al Khor und Al Wakra, Meeresarm Khor al Udaid, diverse Strände (Al Ghariya, Dukhan, Al Thakhira, Fuwairit …)

5

Übernachten
Ritz-Carlton, Doha, West Bay Lagoon, P.O.Box 23400, Tel. 4848000, www.ritzcarlton.com. Das Flaggschiff der katarischen Hotellerie erhebt sich fernab des städtischen Trubels in unmittelbarer Nähe des neuen Luxusarchipels »The Pearl«. Der 23 Stock hohe, blau-weiße Turm präsentiert sich im Inneren von der mit einem kolossalen Kristalllüster bekrönten Lobby bis zum Spa-Bereich, von den 374 Zimmern und Suiten bis zum Open-Air-Poolbereich extrem elegant. Entsprechend perfekt ist der Service. Feinschmeckern stehen insgesamt neun Restaurants zur Verfügung (besonders schön: das Panorama beim Diner im Dachrestaurant La Mer!).

Spezialtipp
Sharq Village & Spa, Doha, P.O.Box 26662, Tel. 4256666, www.sharqvillage.com. Ebenfalls vom Team des Ritz-Carlton gemanagt, ermöglicht diese am Ostrand der Doha Bay, auf halbem Weg zum Flughafen direkt am Meer gelegene Hotelanlage Entspannung auf allerhöchstem Niveau. Ende 2006 eröffnet, ist sie mit viel Liebe zum Detail und exquisiten Materialien im Stil eines beduinischen Dorfs gestaltet. Die 174 luxuriösen Zimmer und Suiten sind in Villen untergebracht, die sich um idyllische Innenhöfe gruppieren, und bieten modernsten Komfort. Ein Traum ist das – auch für Tagesgäste zugängliche! – Six Senses Spa. Es bietet, auf vier äußerst gediegen gestaltete *spa villages* verteilt, arabisch, thailändisch, indisch und schwedisch inspirierte Therapieprogramme. Der ein Kilometer lange Sandstrand und eine ausgedehnte Poollandschaft runden das vermutlich in der gesamten Golfregion einzigartige Wellnessangebot ab.

Informationen
Siehe Anhang: Botschaft Katar in Berlin.

1

2

3

4

Kleine Insel mit großen Kontrasten

Bahrain – zwischen Banktürmen und Bronzezeitgräbern

Das kleine Königreich blickt auf eine jahrtausendelange Geschichte als bedeutende Handelsstation zurück. Weil seine Ölquellen demnächst versiegen, rüstet es touristisch auf. Seine Trümpfe: Liberalität, archäologische Schätze sowie tolle Hotels und Museen.

Die Skyline mutet in ihrer Kühnheit auf den ersten Blick geradezu dubaiesk an: Die zwei jadegrünen Türme des Financial Center stechen von der künstlich aufgeschütteten Corniche elegant gekrümmt in den Himmel. Gleich daneben, noch futuristischer, die nadelspitzen Twin Towers des Bahrain World Trade Center, zwischen denen drei kolossale Propeller aus Windkraft Strom erzeugen. Und auch zu Füßen der beiden Giganten glitzern diverse Fassaden aus Glas und Travertin in allen nur erdenklichen postmodernen Formen. Bahrain, ein aus 33 Inseln bestehender Archipel mit einer Gesamtfläche von gut 700 Quadratkilometern, baut seiner öllosen Zukunft, ganz im Stil der anderen Golfstaaten, vor. Der Horizont über der Hauptstadt Manama, wo etwa ein Drittel der insgesamt knapp 500 000 – übrigens mehrheitlich schiitischen – Bahrainer lebt, präsentiert sich seit einigen Jahren gespickt mit Baukränen und nicht selten in Staub gehüllt. Wie in Doha, Dubai und Abu Dhabi ist man auch in diesem weiter nordwestlich, zwischen Katar und dem saudischen Festland gelegenen Königreich dabei, mithilfe eines Arbeiterheeres vom Subkontinent massenweise Büro- und Hoteltürme, ultramoderne Einkaufszentren und mondäne Feriensiedlungen aus dem Wüstenboden zu stampfen. Schon demnächst schlüsselfertig sind Abertausende Apartments und Villen der *Resort City* Durrat Al Bahrain, die an der Südspitze der Hauptinsel, eine halbe Autostunde auf dem neuen Highway von Manama, über 15 von Menschenhand geschaffene Inseln verstreut liegen. Ebenfalls im Bau befindlich ist der 45 Kilometer lange Fahrdamm, der künftig als weltweit längstes Bauwerk seiner Art Bahrain mit Katar verbinden wird. Und allerorts kündigen Werbetafeln die baldige Fertigstellung Dutzender weiterer Milliarden Dollar teurer »world-class projects« an.

Angesichts solch geballter Bauwut und Fortschrittsgläubigkeit könnte man fast übersehen, dass Bahrain auf eine große Vergan-

1 Das Ritz-Carlton in Manama hat zur Unterhaltung seiner Gäste eigens einen Falkner engagiert. **2** Dieses Wandgemälde ziert ein Wohnhaus im Westen Manamas. **3** Ein Hauch von Weihnachten im Duty-free-Bereich des International Airport. **4** Die Form des »Residences Building« des Ritz-Carlton erinnert an ein Bügeleisen.

1 Bahrain will als Bankenzentrum hoch hinaus. **2** Minarett in Muharraq, der zweitgrößten Stadt des Landes. **3** Ein unkonventionell verziertes Wohnhaus unweit des Bahrain-Fort. **4** Kulturelles Wahrzeichen Manamas: die Ahmed-Al-Fateh-Moschee. **5** In einer der Wandelhallen der Großen Moschee. **6** Geschäftsstraße in Muharraq. **7** Shopping im Goldsuq.

genheit als Warenumschlagplatz zurückblickt. Seine Lage, etwa auf halbem Weg zwischen dem Schatt el Arab und der Straße von Hormus, sowie seine reichhaltigen Süßwasservorkommen verliehen ihm seit alters auch große strategische Bedeutung. Zudem war das einstige Emirat, das erst 2002 per liberalisierter Verfassung in eine konstitutionelle Monarchie umgewandelt wurde, bis zum Aufkommen der japanischen Zuchtperlen um 1930 ein Zentrum der Perlenfischerei. Die traditionelle Handelsatmosphäre ist noch keineswegs völlig verschwunden. Wer etwa das Bab al Bahrain, das historische Stadttor und Wahrzeichen am Nordrand von Alt-Manama, durchschreitet, taucht in ein labyrinthisches Gassengeflecht, in eine kunterbunte Welt ein. Hier erwartet den Besucher zwischen Tabak, Parfum, Weihrauch und Gewürzen, zwischen Schmuck-, Kleider- und Kunsthandwerksläden eine heiter stimmende Wallfahrt der Sinne.

6

7

Bewohnt war Awal, so der offizielle Name der Hauptinsel, bereits vor 6000 Jahren. Die Siedlung Dilmun, sie wirkte namengebend für die damalige Kultur am südlichen Golf, war schon in der Bronzezeit ein wichtiger Umschlagplatz für den Handel zwischen Babylonien und dem Industal. Ihre Bewohner hinterließen Reste von Tempeln (im heutigen Ort Barbar), von Hausmauern (in Saar) und, als spezielle archäologische Sensation, Zehntausende Erdwallgräber (unter anderem in Al Aali) – den vermutlich größten prähistorischen Friedhof der Welt.

In der Neuzeit dominierten zunächst die Portugiesen, die hier zum Schutz vor den Osmanen mehrere bis heute erhaltene Festungen bauten. Die später herrschenden Perser wurden dann Ende des 18. Jahrhunderts von der über Katar zugewanderten, bis heute regierenden Familie Al Khalifa verdrängt. Ab 1867 war Bahrain britisches Protektorat. 1971 schließlich wurde der Archipel von den Briten in die Unabhängigkeit entlassen. Einen Meilenstein in der Entwicklung markiert 1932: Am 1. Juni jenes Jahres entdeckte der Neuseeländer Frank Holmes, finanziert durch John D. Rockefeller, am Djebel al Dukhan, dem »Rauchenden Berg«, das erste Öl in der Golfregion. An das legendäre Ereignis erinnert im Herzen der Hauptinsel bis heute das »Oil Well Number One«, ein Rohr, das wie eine Art Hydrant aus dem Sand ragt und mit ein paar Muffen an eine Minipipeline angeschlossen ist. Bahrains Ölfelder erwiesen sich freilich, verglichen mit jenen der Nachbarn Saudi-Arabien und Kuwait, als eher wenig ergiebig. Um 2015 werden die wichtigsten ausgeschöpft sein, weshalb sich die Regierung beizeiten schon erfolgreich um eine Diversifizierung der Wirtschaft bemühte. So gehört das Königreich seit Anfang der siebziger Jahre zu den großen Aluminiumproduzenten der Welt. Es besitzt eine der größten Raffinerien im Golfraum, beherbergt das Hauptquartier der Fünften US-Flotte und ist ein Zentrum für Offshore Banking von internationalem Rang. Laut einer Studie des »Wall Street Journal« rangiert Bahrain in der Liste der Länder mit den freiesten Wirtschaften der Welt nach den USA und Luxemburg auf Platz drei. Gesellschaftspolitisch nimmt das Land in der Region insofern eine Sonderstellung ein, als seine Bewohner beträchtliche Möglichkeiten zur Teilhabe an öffentlichen Entscheidungsprozessen haben. Versammlungs- und Meinungsfreiheit sind weitgehend gewährt,

1 Außenansicht des Ritz-Carlton Hotel in Manama … **2** … und seine Club Lounge. **3** Der Poolbereich des Fünfsternehauses; im Hintergrund: die avantgardistischen Türme des World Trade Center (links) und des »Bahrain Financial Harbour« (rechts). **4** Am Privatstrand des Ritz-Carlton.

Demonstrationen und politische Debatten, wie auch die Berichterstattungen darüber in den Medien, an der Tagesordnung.
Auch touristisch profitiert Bahrain vom Status, der liberalste unter allen Golfstaaten zu sein. Alkohol ist fast überall verfügbar. Insbesondere Frauen unterliegen weniger Zwängen, etwa bei der Kleiderordnung: Neben solchen, die ihr Gesicht vollständig hinter Burqas oder Niqbas verbergen, begegnet man auf der Straße auch vielen Einheimischen in topmodischer Kleidung mit üppiger Lockenpracht und auffallendem Make-up. Vor allem donnerstags und freitags, dem islamischen Wochenende, strömen Abertausende wohlhabende Saudis, die in ihrer puritanischen Heimat an Langeweile leiden, in klimatisierten Limousinen und SUVs aus dem Großraum Dhahran-Dammam über den King Fahd Causeway, die 25 Kilometer lange Landbrücke, herüber mit dem Ziel, sich ein bisschen Vergnügen zu gönnen. Am Grenzübergang empfängt sie ein Schild mit den verheißungsvollen Worten: »Der Spaß beginnt hier.« Brennpunkte des Zeitvertreibs sind die vielen Bars und Discos, die Kabaretts, Nachtklubs und Russian Shows, deren blasshäutige – und mit Vorliebe blonde – Protagonistinnen mit ihren weiblichen Reizen nicht geizen. Kurzweil liefern aber auch Freizeitparks, Einkaufszentren, Wellness-Tempel, Pferderennen, die vielen Ethno-Restaurants und der Formel-1-Grand-Prix-Kurs, auf dem man sich das Jahr über gegen einen Obolus im Leihboliden dem Geschwindigkeitsrausch hingeben kann; oder jener erste Golfplatz des Landes, der, 2006 im Riffatal eröffnet, weil es tagsüber normalerweise zu heiß zum Spielen ist, vom ersten bis zum letzten Loch komplett mit Flutlicht ausgeleuchtet wird.
Freilich findet auch jene bislang kleine Minderheit von Urlaubern, die sich, aus Übersee angereist, für Bahrains Vergangenheit und Kultur interessieren, durchaus ein lohnendes Betätigungsfeld. Im Herzen der Hauptstadt zum Beispiel lädt der Bezirk Awadiya mit seinen historischen, vorbildlich restaurierten Häusern im arabischen Stil, mit Restaurants, Cafés und Boutiquen zum vergnüglichen Bummeln ein. Auch drüben in Muharraq City, Manamas Zwillingsstadt auf der gleichnamigen, nördlich angrenzenden Insel, haben sich traditionelle Häuser erhalten. Als Aushängeschilder gelten – allesamt denkmalgeschützt, sorgsam renoviert und der Öffentlichkeit zugänglich – das Bait Siyadi, seines Zeichens Wohnstatt eines rei-

chen Perlenhändlers aus dem 19. Jahrhundert, und die festungsartige einstige Privatresidenz von Sheikh Isa bin Ali, dem Ururgroßvater des heutigen Regenten. Auf halbem Weg, gleich neben dem Sheikh Hamad Causeway, vermittelt das nach modernsten didaktischen Prinzipien gestaltete Nationalmuseum spannende Einblicke in Sitten und Bräuche der Bahrainer sowie in die Geheimnisse der Dilmun-Kultur. Sehenswert ist, gleich gegenüber, auch das Haus des Koran mit seiner einzigartigen Sammlung historischer Exemplare des heiligen Buchs aus der ganzen islamischen Welt. Tief verwurzelte, im Alltag weiterhin intensiv gelebte Spiritualität lässt sich auch in der Ahmed-Al-Fateh-Moschee spüren. Eine Pflichtstation auf jeder Besichtigungstour ist außerdem das in seiner heutigen Form im 14. Jahrhundert von den Portugiesen erbaute Bahrain-Fort, das erwiesenermaßen auf den Fundamenten eines bronzezeitlichen Vorgängerbaus steht. Und schließlich kommen in Bahrain auch Naturliebhaber auf ihre Kosten: Im Al Areen Wildlife Park & Reserve, im Südwesten der fast ausnahmslos von Wüste bedeckten Insel, kann man unter anderem Falken, persische Gazellen und die besonders kostbaren, in den letzten Jahren erst vor dem endgültigen Aussterben bewahrten, weißen Oryxantilopen in ihrem natürlichen Habitat beobachten.

Perlen- und Bankeninsel Bahrain

Anreise
Direktflüge von Frankfurt mit Gulf Air und Lufthansa; außerdem zahlreiche Umsteigeverbindungen, etwa via Dubai, Abu Dhabi oder Doha.

Attraktionen
In Manama: Große Moschee Al Fateh (auch für Nichtmuslime zugänglich), Nationalmuseum, Haus des Koran, Bab al Bahrain und Suqs, Altstadtbezirk Awadiya, Heritage Centre, Al-Oraifi-Museum (Dilmun-Ära); *in Muharraq* – Altstadt mit Windturmhäusern (u. a. Sheikh Isa House und Siyadi House), die Dörfer Arad (mit Fort) und Hidd, Dhauwerft; *übrige Insel:* Relikte aus der Dilmun-Zeit in Saar, Barbar und Al Aali, Bahrain- und Riffa-Fort, Oil Well Number One mit Erdölmuseum, Formel-1-Circuit, Al-Areen-Naturpark, King Fahd Causeway, künstlicher Archipel Durrat Al Bahrain, Hawar-Insel und Resort (45 Min. per Boot).

Übernachten
Ritz-Carlton, Manama, P.O.Box 55577, Tel. 17580000, www.ritzcarlton.com; Rolls-Royce unter den Luxusherbergen Bahrains, gelegen am Rand von Manama Bay, 3 km vom Stadtzentrum direkt an der Küste, 245 Zimmer und Suiten sowie 23 geräumige, in üppige Grünanlagen gebettete Villen, hoteleigener Strand samt Marina und privater Insel, weitläufige In- und Outdoor-Poollandschaft mit Gym, Spa und Hammam, acht Restaurants und Bars, Topservice.

4

Relaxen
Banyan Tree Desert Spa & Resort, Al Areen, Juffair, P.O.Box 75055, Tel. 17845000, www.banyantree.com. Dieses mit 10 000 qm größte Spa des Mittleren Ostens, erbaut und betrieben von der in Singapur ansässigen Hotelkette »Banyan Tree«, bietet ultimativen Wellnessluxus und Entspannung pur in karger Landschaft, fernab jeder größeren Siedlung. Im Spa, Hydrothermal-Garten, Health Club und Garten-Hammam wartet ein bunter Strauß aus allen nur erdenklichen Behandlungs- und Verwöhnanwendungen (Eis-Iglu inklusive!); als Gästeresidenzen dienen 78 Luxus-Poolvillen in absoluter Ruhelage (Größe: 400–740 qm).

Spezialtipps
Adressen für Freunde von Gegenwartskunst:
La Fontaine, Manama, 92 Hoora Avenue, Tel. 17239123, www.lafontaineartcentre.com. Eine »Residenz« aus dem 19. Jahrhundert in Suq-Nähe, vor ein paar Jahren stilvoll restauriert und in ein Zentrum für zeitgenössische Kunst verwandelt, angeschlossen: Restaurant, Tanzstudio und Spa.
Weitere einschlägige Fundgruben: *Al Riwaq Art Gallery,* Manama, Bezirk Adliya, 3 Osama Bin Zaid Avenue, Tel. 17717441, www.alriwaqgallery.org; *Al Bareh Gallery,* Manama, Adliya, nahe Shaikh Isa Avenue, Tel. 17717707, www.albareh.com.

Informationen
Siehe Anhang: Botschaft Bahrain in Berlin.

1

2

3

4

Nicht nur ein Stopover

Kuwait – Kunst, Strände, Öl und Kriegsgedenken

Nach dem traumatischen Krieg 1990/91 beginnt sich auch das (öl-)reiche Emirat langsam, aber zielstrebig um Urlaubsgäste zu bemühen. Noch kann man dort abseits von Massentourismus Luxus, hervorragende Museen und entspannende Strandtage genießen.

Warum nicht mit dem Blick vom höchsten der drei Kuwait Towers beginnen, jenem 187 Meter hohen Wahrzeichen, auf dessen Aussichtsplattform wohl jeder Besucher früher oder später hochfährt? Da liegt einem, während man sich im Drehrestaurant an Kaffee oder dem üppigen Büfett gütlich tut, die Metropole wie auf dem Servierbrett zu Füßen. Im Westen, an den Gestaden der Kuwait Bay, erstreckt sich, von der ersten der insgesamt sechs Ring Roads eingefasst, das historische Zentrum mit dem TV alias Liberation Tower und den Suqs zu dessen Füßen. In Richtung Südosten sieht man, der Küstenlinie folgend, die Vororte Salwa und Salmiyah, die in letzter Zeit dank ihrer Strände, Hotels und vielfältigen Gastroszene zu beliebten Freizeitrevieren avancierten. Und nach Nordosten hin hat man die Insel Failaka im Blick, auf der vor mehr als 4000 Jahren schon Händler des sagenumwobenen Reichs von Dilmun siedelten, dahinter die Insel Bubiyan sowie, vage am staubigen, hitzeflirrenden Horizont, den Schatt el Arab, den Grenzfluss zwischen dem Irak und dem Iran.

Das spektakuläre Stadtpanorama vor Augen, ist hier oben der rechte Moment, um den Werdegang dieses in der nordwestlichsten Ecke des Golfs, nahe der strategisch so bedeutsamen Mündung von Euphrat und Tigris gelegenen Emirats ein wenig Revue passieren zu lassen. Sein Territorium war bis Mitte des 18. Jahrhunderts Teil der zum Osmanischen Reich gehörenden Provinz Basra. Zu jener Zeit waren Clans des mächtigen Anaza-Stamms nach einer harten Dürreperiode aus Innerarabien in diese Gegend gezogen, darunter auch jene bis heute regierende Familie namens Sabah, die seinerzeit rasch die Vorherrschaft erlangte. Gut 100 Jahre später schlossen die Kuwaiter angesichts des wachsenden Einflusses der Osmanen und auch der Deutschen in der Region ein Schutzabkommen mit Großbritannien. 1946 floss das erste Öl. 1961 wurde Kuwait völkerrechtlich unabhängig.

1 Knackige Einstimmung: Früchtekorb im Mövenpick-Hotel. **2** Das besondere Flair aller Bazare liegt auch über dem Souk von Kuwait-Stadt. **3** Die gläserne Pyramide der Filiale des Hard Rock Café in Kuwait-Stadt. **4** Die illuminierte Shark Mall an der Marina.

1 Die First Ring Road trennt Kuwait-Stadt von den verwaltungstechnisch eigenständigen Vorstädten. **2** Wahrzeichen des Emirats am nordwestlichen Ende des Golfs: die drei Kuwait Towers. **3** Die Poollandschaft im Innengarten … **4** … und der Eingangsbereich des Mövenpick Hotel & Resort Al Bidaa.

Am 2. August 1990 fielen auf Geheiß Saddam Husseins 100 000 Soldaten aus dem Irak über das kleine, aber reiche Nachbarland im Süden her, verwüsteten und plünderten es, terrorisierten seine Bewohner. Ein halbes Jahr später starteten die USA an der Spitze einer Allianz aus 36 Staaten die Operation »Desert Storm«. Binnen sechs Wochen war der Aggressor, der zuletzt noch in einem besonders ruchlosen Akt Aberhunderte Ölquellen in Brand gesteckt hatte, besiegt und Kuwait befreit.

Die seelischen Wunden mögen bei vielen Kuwaitern, von denen damals 800 starben und 400 bis heute vermisst sind, nur notdürftig vernarbt sein. Die sichtbaren Spuren des Krieges hingegen sind beseitigt. Der weitgehend flache Wüstenstaat mit einer Größe von Schleswig-Holstein und drei Millionen Einwohnern, davon zwei Drittel Ausländer, erstrahlt längst wieder im alten Glanz. Landmarken moderner Architektur wie die von Jörn Utzon, dem dänischen Schöpfer von Sydneys Oper, entworfene Nationalversammlung, das segelförmige Scientific Center oder die Gebäude der Börse und Wirtschaftskammer, aber auch die 1986 eröffnete Große Moschee und der ältere goldkuppelbekrönte Sief-Regierungspalast sind wieder völlig hergestellt. Und neue glitzernde Shoppingzentren wie der Al Mutthana Complex, die Laila, Sharq und Marina Mall stillen im Verbund mit den traditionsreichen Basaren im Altstadtbezirk Mubarakiya und dem berühmten Goldsuq längst wieder alle nur erdenklichen Begehrlichkeiten.

Touristisch ist das Emirat freilich ein Newcomer. Schließlich hatte es dank seiner immensen Ölvorräte – die sich immer noch auf gut 100 Milliarden Barrel belaufen sollen und beim jetzigen Fördertempo angeblich für weitere 100 Jahre reichen – die längste Zeit nicht nötig, auch nur einen Gedanken an Deviseneinnahmen aus dem Fremdenverkehr zu verschwenden. Zumal es die Herrscherfamilie Al Sabah mit strategischem Geschick verstand, die üppig sprudelnden Petrodollars nachhaltig in westliche Industrie- und Finanzkonzerne zu investieren. Nach der Tragödie des zweiten Golfkriegs dachte man allerdings um und begann, auch Urlaubsreisen in das Land zu fördern. Was die touristische Angebotspalette, die Servicementalität und auch den Glamour betrifft, liegen Dubai, aber auch

Abu Dhabi oder der Oman zwar noch meilenweit voran, doch ist die örtliche Hotellerie schon lange auf eine Klientel mit dicker Geldbörse ausgerichtet und umfasst deshalb mehr als ein Dutzend Fünfsternehotels Marke Mövenpick, Marriott und Meridien. Und auch sonst bekommen die – noch – wenigen westlichen Gäste, die nicht um der Geschäfte, sondern der Erholung willen anreisen, einiges geboten: Auf Failaka finden sich Reste einer bronzezeitlichen Siedlung und eines hellenistischen Tempels. In Jahra, gut 30 Kilometer westlich der Hauptstadt, erinnert das Rote Fort an die siegreiche Entscheidungsschlacht gegen die saudischen Beduinen im Jahr 1920. Und auch in Kuwait-Stadt selbst harren etliche alte, in Museen und Galerien umfunktionierte Händlerhäuser (kunst-)historisch interessierter Besucher. Dem einst für seine bedeutenden Sammlungen berühmten Nationalmuseum sieht man die Kriegsnarben zwar noch deutlich an, doch einige Abteilungen, so der liebevoll gestaltete Nachbau eines traditionellen Basars, sind bereits wieder zugänglich. Und in Ahmadi, dem ungewöhnlich grünen, 1948 für die ausländischen Ölingenieure gegründeten Villenvorort im Süden, unweit des gigantischen Ölverladehafens, informiert ein Museum der Kuwait Oil Company eindrucksvoll über die nun schon zwei Generationen währende Geschichte der Förderung des schwarzen Goldes.

Kuwait – noch wenig besucht, doch voller Schätze

Anreise
Direktflüge u. a. von Frankfurt mit Lufthansa und Kuwait Airways; außerdem zahlreiche Umsteigeverbindungen, etwa via Bahrain, Doha, Dubai und Abu Dhabi.

Attraktionen
In Central Kuwait Kuwait Towers, Nationalmuseum mit nachgebautem Basar, Tareq-Rajab-Museum (hochkarätiger Silberschmuck aus ganz Arabien); Dar al Funoon, Bait Lohan, Bait al Badr, Sadu und Dickson House (all diese Stadthäuser bieten Kunsthandwerk in historischem Ambiente), Museum of Modern Art, Sief Palace (nur von außen), Große Moschee, Fischmarkt, Science und Natural History Museum, Scientific Center mit größtem Aquarium der Golfregion, Erholungspark auf Green Island; *außerhalb:* Rotes Fort und Moschee in Jahra, archäologische Reste auf Failaka, Arab World Entertainment City, Erdölmuseum in Ahmadi.

4

Übernachten
Mövenpick Hotel, Free Trade Zone, P.O. Box 713 Safat, Tel. 24610033 und *Mövenpick Hotel & Resort Al Bidaa,* Salmiyah, P.O. Box 7306, Tel. 2253100, beide: www.moevenpick-hotels.com. Zweimal ist die renommierte Hotelkette mit Schweizer Wurzeln in Kuwait vertreten: Das Stammhaus, an der Bucht der Freihandelszone von Shuwaikh gelegen, bietet 100 Zimmer, drei Restaurants (Bays, Al Dente und Cuts Churrascaria) und eine Outdoor-Poollandschaft samt Wasserfall und Arabian Spa. Noch geeigneter für einen Badeurlaub ist das direkt am Strand des Vororts Salmiyah, 15 Autominuten von Kuwait-Stadt gelegene Resort Al Bidaa. Seine Gäste finden 358 Zimmer, fünf Swimmingpools und einen 200 m langen Privatstrand vor, Open-Air-Restaurant und -Café inklusive, und werden u. a. in einem luxuriös ausgestatteten Health Club und Spa verwöhnt.

Spezialtipp
Gedenkstätten zur Erinnerung an die Invasion und den zweiten Golfkrieg von 1990/91: *Memorial Museum,* Northern Shuwaikh, Villa No. 32 (nahe Shabi Theater), Tel. 4845335, Sa–Do 8–13 und 17–20 Uhr, mit Dioramen, Schautafeln und Filmen aufwendig gestaltet; *Qurain War Museum,* Qurain (20 km südl. des Zentrums nahe Road 208), Tel. 5430343, Sa–Do 8–14 Uhr, in einer von heftigen Kämpfen zeugenden Villenruine eingerichtet; *»Fires of Kuwait«:* Film über das Löschen der brennenden Ölquellen, IMAX-Kino im Scientific Center: Salmiyah, Ras al Ardh, www.tsck.org.kw (einmal wöchentlich, aktuellen Termin erfragen!).

Informationen
Siehe Anhang: Botschaft Kuwait in Berlin.

Oman

Einer von Aberhunderten Traumstränden im Oman: White Sandy Beach bei Sur.

1

2

3

4

Heimat Sindbads und der Sultane

Muscat, Capital Area und Batinah-Ebene

Vor 40 Jahren war Omans Hauptstadt noch ein weltvergessener Ort, dem Mittelalter näher als der Gegenwart. Heute jedoch präsentieren sich Muscat, sein Hafen Mutrah und die mittlerweile zahlreichen Vororte als dynamische und sehr gepflegte »Capital Area«.

Wo ist man nun eigentlich gelandet? Irgendwo an der kalifornischen Küste zwischen Santa Barbara und Long Beach? In Kapstadt? Oder Sydney? Auf dem sechsspurigen Highway vom Airport in die Stadt schnurrt der Verkehr trotz extremer Dichte mit einer Diszipliniertheit, wie wir sie uns für weite Teile Europas wünschen könnten. Die Gebäude zu beiden Seiten erstrahlen in makellosem Weiß und haben größtenteils die Ausmaße von Palästen. Palmenalleen und Blumenmeere säumen den Weg. Der sattgrüne Rasen sieht aus, als hätte man ihn mit der Nagelschere und Pinzette bearbeitet. Und in regelmäßigen Abständen fordern Schilder die Vorbeifahrenden auf: »Keep your city clean!« »Halte deine Stadt sauber!« Weder Anzeichen von Armut noch Abfälle sind zu sehen, weder streunende Hunde noch halbfertige Häuser. Und auch die Luft ist von bestechender Reinheit. Wären da nicht die arabischen Schriftzeichen auf den Reklame- und Nummernschildern und die Kuppeln und Minarette der Moscheen, trügen die Frauen und Männer nicht Kopftücher und Turbane, und führe nicht soeben draußen vor der Küste eine Dhau vorbei – nie würde man vermuten, in einer orientalischen Großstadt zu sein.

»Heute segelten wir ganz nahe an die Arabische Küste heran und sahen eine lange Kette völlig kahler Berge. Wir entdeckten ein großes Fort, das am Eingang zu einer Bucht auf hohem Felsen thronte. In dieser Bucht, vor der Stadt Muscat, warfen wir Anker. Diese Stadt wird von einem arabischen Prinzen regiert und ist von mehreren Mauerreihen und Türmen umgeben … In dem Felsental von Muscat herrscht eine ziemlich erdrückende Hitze (in der Sonne 41 Grad Reaumur). Das grelle Licht ist hier sehr gefährlich, weil es weder von Bäumen noch Büschen noch dem kleinsten bisschen Gras gemildert wird. Man findet keine Europäer, weil das Klima für sie eine tödliche Gefahr darstellt.« Ida Pfeiffer, die weltreisende Rechtsanwaltsgattin aus Wien, die diese Zeilen am 1. Mai des Revolutionsjahres 1848 in ihr Tagebuch notierte, würde heute wohl

1 An Bord eines Ausflugsboots vor der Küste. **2** Unter der Hauptkuppel von Muscats Großer Moschee finden 6500 Gläubige Platz. **3** Moscheekuppel in dem von Einwanderern bewohnten Bezirk Sur al Liwatiya in Mutrah. **4** Frontfassade der Masdschid al Khor in Muscat.

1

2

3

ihren Augen nicht trauen. Zwar gleichen im Sommer die Buchten am Nordrand des Hadschar-Gebirges, dessen nackter schwarzer Fels jeden Sonnenstrahl erbarmungslos speichert, noch heute Backöfen. Mittlerweile jedoch spielt sich das Leben der Hauptstädter in der heißen Saison größtenteils in klimatisierten Räumen ab. Und jener winzige Hafen, von dem aus die Omanis zur Zeit Ida Pfeiffers ein Seeimperium regierten, das von Sansibar bis ins heutige Pakistan reichte, ist zu einem von üppigem Grün durchzogenen großstädtischen Ballungsraum angeschwollen, der sich be-reits 50 Kilometer entlang der Küste und auch tief hinein in das Hinterland erstreckt, und mehr als 700 000 Einwohner zählt.

Noch in den 1960er Jahren, zu Zeiten des starrsinnigen Sultans Said, hat hier tiefstes Mittelalter geherrscht. Es gab lediglich ein einziges Spital mit zwölf Betten. Und nur eine asphaltierte Straße. Die war drei Kilometer lang und führte zum Palast. Sonnenbrillen, Fahrräder, Radios und anderes »westliches Teufelszeug« waren verboten. Die Stadttore wurden bei Einbruch der Dunkelheit geschlossen, und wer sich vor Sonnenaufgang aus dem Haus wagte, musste per Dekret eine Laterne bei sich tragen. Unter Sultan Qabus wurde, als sichtbares Symbol für den grundlegenden Wandel der

4

Gesellschaft, das Zentrum der Hauptstadt rasch und radikal verändert. Er ließ den Basar samt den Palmenhüttensiedlungen an der Peripherie und einen Großteil der historischen Innenstadt schleifen. Die Überbleibsel verwandelte er in ein zwar schmuckes, aber ziemlich steriles Verwaltungsviertel. Die alte Stadtmauer ersetzte er

6

1 Ein wuchtiger Torbau markiert die Grenze von Alt-Muscat. **2** Qasr al Alam, der Palast von Sultan Qabus, eine Seitenansicht, … **3** … in der Totale mit der Burg Al Mirani … **4** … und der Haupteingang. **5** Kaffeekannen als Schmuckelement an einem Kreisverkehr. **6** Eingang mit Hauptminarett der Großen Moschee im Bezirk Al Ghubrah.

durch eine neue, deren Tore breit genug für Autos waren. Und zwischen die portugiesischen Festungen Mirani und Djalali zwängte er eine neue Residenz – den von indischen Architekten entworfenen, in Farben und Formen, gelinde gesagt, etwas kuriosen Al-Alam-Palast.

Seltsamerweise hat der Ort trotz dieser antiseptischen Verjüngungskur einen Rest seiner legendären Romantik bewahrt. Die beiden Burgen, die übrigens dem Militär unterstehen und dem gemeinen Volk deshalb verschlossen bleiben, sind abends in ein bombastisches goldenes Flutlicht getaucht und wären gut geeignet als Kulisse für Verdi-Opern.

»Hinter Muscat«, schrieb die Pfeiffer, »erstreckt sich ein langes felsiges Tal. Darin findet sich ein Dorf mit mehreren Gräbern und (welch wunderbare Sache!) ein kleiner Garten mit sechs Palmen, einem Feigen- und einem Granatapfelbaum. Dieses Dorf heißt Mutrah und ist größer und dichter bevölkert als Muscat.« Der Unterschied zwischen den beiden Nachbarorten hat sich seit damals verstärkt. Mutrah ist seit dem Niedergang der omanischen Seemacht, weil es einen Zugang zum Hinterland bietet, das pulsierende Herz des historischen Stadtbereichs. Hier befinden sich Mina Qabus, Omans modernster und größter Containerhafen, und der

1

2

3

neue Fischmarkt samt Kühl- und Konservenfabrik. An der Corniche, der elegant geschwungenen Küstenstraße, stehen noch etliche der über hundertjährigen, mit filigranem Schnitzwerk verzierten Prachthäuser der reichen Händler vom Subkontinent. Und gleich daneben, hinter einem unscheinbaren Bogenportal, liegt der berühmte Basar, der älteste und größte im Land.

Das vom Sultan beharrlich propagierte Prinzip, Alt und Neu zu verknüpfen, wurde auch bei der Renovierung dieses Basars beherzigt. Nachdem vor etlichen Jahren ein Teil der ohnedies baufälligen Holzbauten abgebrannt war, ließ sich das Ausbreiten von Aluportalen und Betonwänden zwar nicht vermeiden, doch über das Wirrwarr unterschiedlichster Baustoffe hat man ein stilvolles, dezent bemaltes Dach aus Bambus und geflochtenen Palmenblättern gespannt. Auch das Sortiment der Läden ist reich an reizvollen Kontrasten. Da findet man viel Kunstfaser, Plüsch und Plastik aus Indien und Fernost, aber ebenso viel Handgefertigtes aus dem eigenen Land. Silberne Amulettkapseln und Krummdolche aus Nizwa, Töpferware aus Bahla, Seidenstoffe aus den Handwebereien von Sur, kupferne Kaffeekannen, hölzerne Hochzeitstruhen, Flechtwerk aus Palmen- und Kokosfasern und natürlich jede Menge Weihrauch aus der Provinz Dhofar, der dem ganzen Gassenlabyrinth ein sakrales Flair verleiht.

Am Haupteingang des Basars, wo Käufer und Müßiggänger in einem nicht enden wollenden Strom vorbeidefilieren, stößt man auf ein paar Stühle, Wasserpfeifen, Kartenspieler – ein Teehaus. Eine gute Gelegenheit, in Muße Passanten zu studieren. Was sofort auffällt: Sakkos und Hosen oder gar Jeans sind selten zu sehen. Die große Mehrheit, Männer wie Frauen, kleidet sich noch traditionell. Fast alle tragen sie die kragenlose, mit einer Bordüre besetzte Dischdascha, wobei die Älteren das konservative Weiß, die Jüngeren modische Pastelltöne wie Lachs und Lila bevorzugen. Und fast alle haben sie entweder eine bunt bestickte Rundkappe, die *kumma,* oder eine *ammama,* den würdevollen, ebenfalls farbenprächtigen Turban, auf dem Kopf. Eine nette Note verleiht den Männern die kleine Quaste, die ihnen an einem Band vom Hals baumelt. Sie ist zur ständigen Erbauung der Sinne mit dem Lieblingsparfum der Frau beträufelt.

Abends, wenn es kühler ist, empfiehlt es sich, die Corniche von Mutrah vom Hafen ostwärts Richtung Riyam Park mit seinen Karussells, Autodromen und dem Aussichtsturm in Form eines

4

5

Weihrauchbrenners entlangzuschlendern. Alles ist über die Maßen ordentlich. Rechts und links der Promenade stehen Steinböcke, Adler und weiße Oryxantilopen aus Polyester, wie man sie im Rahmen des sogenannten »Beautification«-Programms im ganzen Land aufgestellt hat. Die Autofahrer respektieren mit fast schon übertriebener Geflissenheit das Tempolimit von 40 Stundenkilometern. Man begegnet keiner einzigen dubiosen Gestalt, keinem Betrunkenen, der einen anpöbeln könnte, nur flanierenden Familien und Händchen haltenden Pärchen und Männern.

Westlich der historischen Zwillingsstadt erstreckt sich die Capital Area – mit jüngeren Stadtbezirken wie Qurum mit seinem kilometerlangen Sandstrand und dem von Villensiedlungen umgebenen Mangrovensumpf des gleichnamigen Naturreservats; Al Khuwair mit seinen monumentalen Regierungsbauten; Ghubra mit der an ihren bunten Röhren erkennbaren Entsalzungsanlage, die die Hauptwasserquelle der ganzen »Capital Area« ist; die Botschafts- und Nobelviertel Madinat Qaboos und Wattayah, Letzteres mit seinen amerikanisch anmutenden Shoppingkomplexen; und schließlich das landeinwärts in einem engen Tal zusammengedrängte Geschäfts- und Bankenviertel Ruwi.

1 **Palmen … 2 … und ein öffentlicher Strand in Al Qurum, dem Hotelbezirk der Capital Area. 3 Die Küste südöstlich von Muscat ist von spektakulärer Schroffheit … 4 … und bildet eine beeindruckende Kulisse für Bootsausflüge. 5** Von der Natur geschaffene Felsbrücke in der Bucht von Bander Al Jissah.

Besonders fest ins Gedächtnis prägt sich der Besuch des Oman-Museums in Qurum ein, vermittelt er doch überaus anschaulich zahlreiche Aspekte der Landesgeschichte, vom 5000 Jahre alten Kupferland Magan bis zur »Renaissance« genannten Modernisierungskampagne des jetzigen Sultans, von der Seekriegsführung bis zum Bau von Falaj, den seit Menschengedenken im Oman und auch im Iran gebräuchlichen, unterirdischen Bewässerungskanälen. Auf einer Tagesfahrt von Muscat nach Nordwesten durch die breite, Batinah genannte Küstenebene, macht man erste Bekanntschaft mit der für den gesamten Oman charakteristischen Festungsarchitektur aus Lehm. Am westlichen Stadtrand von Barka zum Beispiel erhebt sich Bait Naman. Aus einem Meer von Dattelpalmen aufragend diente es zunächst als Plantagenhaus und ab Mitte des 18. Jahrhunderts, mit Wehrmauern und -türmen ergänzt, Ahmad ibn Said, dem Begründer der Al-Bu-Said-Dynastie, als Raststation auf der Reise zwischen Muscat und Rustaq. Noch vor weni-

1 Fantasievolle Skulptur an der Corniche von Mutrah. **2** Am Eingang zum Suq von Mutrah. **3** Am Anlegersteg für die Fischer an der Corniche von Mutrah. **4** Glaskuppel im Suq von Mutrah. **5** Der Fremdenführer verströmt die für Omaner typische Gelassenheit.

gen Jahren dämmerte das architektonisch eigenwillige Gebäude mit zerbröselnden Mauern, ohne Fußböden und Decken als Ruine seinem endgültigen Zerfall entgegen. Doch dann wurde es, wie so viele Burgen im Land, einer peniblen Restaurierung unterzogen und steht seither als ein Schmuckstück omanischer Wehrarchitektur interessiertem Publikum offen.

Rustaq, etwa 50 Kilometer landeinwärts gelegen und die größte Oase der Region, spielte in der Geschichte des inneren Omans eine Schlüsselrolle. Da sich von hier aus sowohl die Batinah als auch wichtige Zugangswege in das Djebel-Akhdar-Gebiet besonders gut bewachen ließen, verlegte schon der erste Imam der Yaruba-Dynastie Anfang des 17. Jahrhunderts seinen Regierungssitz hierher. Auch mehreren seiner Nachfolger und den beiden ersten Herrschern der Al Bu Said, darunter besagtem Ahmad ibn Said, diente der Ort als Residenz. 1868 wählten die Stämme hier einen Imam als Gegenregenten zum Sultan. Erst 1955 kam Rustaq endgültig unter die Kontrolle Muscats.

Die örtliche Festung, die auf einem mächtigen Felsen thront und im Kern noch aus sassanidischer, also vorislamischer Zeit stammt, wurde wie Bait Naman in Barka in den neunziger Jahren renoviert. Im 20 Kilometer entfernten Al Hazm präsentiert sich das örtliche Fort, die kurzzeitige Residenz des Yaruba-Imams Sultan ibn Saif, dank aufwendiger Sanierungsarbeiten in einem tadellosen Zustand. Und auch Nakhl, die dritte der großen Imam-Burgen am Südrand der Batinah, hat ihre Schönheitskur gerade hinter sich. Abgesehen

von der Sorgsamkeit der Renovierungsarbeiten und der liebevollen Gestaltung des Interieurs fällt hier angenehm auf, dass man beim Gang über die unzähligen Treppen und Terrassen in die Gemächer und auf die Turmdächer fast ungestört ist. Der einzige Aufseher der riesigen Anlagen hält unten an der Pforte die Stellung.

Den seltenen Fall, dass eine Stadt in der Vergangenheit weit größer war als sie heute in unserer urbanisierten Zeit ist, stellt Sohar dar. Im 10. Jahrhundert war die Küstenstadt mit 12 000 Gebäuden der wichtigste Hafen der Arabischen Halbinsel und einer der wohlhabendsten der Welt. Von ihm aus trieben arabische, aber auch persische und jüdische Kaufleute Handel mit Ostafrika, Indien und dem Fernen Osten. Seine Seefahrer – unter ihnen möglicherweise Sindbad aus »Tausendundeiner Nacht« – waren wahre Künstler der Navigation. Nicht zufällig trug die Stadt den Beinamen »Tor nach China« und dank der reichen Kupferminen in ihrem Hinterland besaß sie auch große kommerzielle Bedeutung. Das heutige Sohar verströmt ein nicht ganz so kosmopolitisches Flair. Mit seinen vielen gepflegten Grünanlagen, der weiß getünchten Häuserfront und dem frisch renovierten Fort entlang der Corniche sowie dem moderaten Klima erinnert es eher an ein properes, mediterranes Kurstädtchen.

Muscat, Capital Area und Batinah-Ebene

Anreise

Man erreicht Muscat von Frankfurt, München, Zürich und Wien, je nachdem, täglich oder mehrmals wöchentlich, teils direkt, teils via Dubai oder auch Bahrain, Doha oder Kuwait. Der Airport liegt 40 km westlich von Muscat, in Seeb, am Rande der Capital Area. Die Einreise in den Oman mit Auto oder Bus von den Vereinigten Arabischen Emiraten aus ist an mehreren Grenzübergängen möglich.

Weiterreise

Die Busse der staatlichen Oman National Transport Company (ONTC) verbinden fast jeden Winkel des Landes, u. a. auch die entlegeneren Oasen, mit den Ballungsräumen. Längere Distanzen auf inneromanischen Reisen, insbesondere jene nach Khasab, der Hauptstadt der Halbinsel Musandam, und nach Salalah, der Hauptstadt der Südprovinz Dhofar, lassen sich außerdem bequem auf Inlandflügen der nationalen Fluglinie Oman Air (www.oman-air.com) überwinden.

Attraktionen

In der Capital Area: Muscat – historische Kaufmannshäuser wie Bait Zawawi, Graiza, Nadir oder Bait Fransa mit Omanisch-Französischem Museum, Muscat City Gate Museum an der Al Bahri Street, von außen: die beiden Forts Djalali und Mirani; Mutrah – Suq, Bummel entlang der Corniche, Fischmarkt, Riyam-Vergnügungspark; Außenbezirke – Oman-Museum in Madinat al Alan/ Qurum, Naturhistorisches, Militärhistorisches, National-, Währungs- sowie Kinder-Museum, PDO Exhibition Hall mit Ausstellung zur Geschichte der Erdölförderung, Oman-Aquarium, Qurum-Naturreservat.

5

In der Batinah-Ebene: Festung in Barka, Oase Nakhl mit Festung und Thermalquellen im Wadi Mistal, Forts von Rustaq und Al Hazm, Sohar – Festung mit Museum für Seehandelsgeschichte, Fischmarkt, Bummel entlang der Corniche.

Spezialtipp

An mehreren Orten in der Batinah-Ebene finden vor allem während des Winterhalbjahrs an Freitagnachmittagen regelmäßig Stierkämpfe statt. Sie sind nicht nur ein – übrigens unblutiges! – sportliches, sondern auch ein soziales Ereignis ersten Ranges.

Übernachten

Sheraton Oman, Muscat 112, Ruwi, P.O.Box 3260, Tel. 24772772, Fax 24795791, www.starwoodhotels.com. Als höchstes Gebäude ein architektonisches Wahrzeichen der Capital Area; 230 Zimmer mit herrlichem Stadtpanorama, schöner Poolbereich, 10 Autominuten entfernt: hoteleigener Strandbereich mit privaten Liegewiesen, Swimmingpool, Fitnessräumen, Asia-Restaurant und Nachtklub. Wiedereröffnung nach zweijähriger Generalsanierung im Frühherbst 2009.
Sohar Beach Hotel, Sohar, Bezirk Al Tareef, Sallan Beach, Tel. 26841111, Fax 26843766, www.soharbeach.com, DZ 140 €. Gediegenes Strandhotel im Stil einer omanischen Festung, großes Freizeitangebot von Pool, Tennis, Gokart und Gym bis Beach Buggy und Jet-Ski.

1

2

3

4

Von opulent bis schlicht-elegant

Luxusherbergen im Großraum Muscat

Al Bustan Palace, The Chedi, Barr Al Jissah Resort & Spa … Etliche edel designte Herbergen belegen in der Capital Area eindrucksvoll, dass der Oman in den letzten Jahren auch zum Trendziel für luxusverwöhnte Reisende geworden ist.

Was für eine Landschaft! Fährt man von der Capital Area zu Füßen des östlichen Hadschar-Gebirges in einer langen Schleife Richtung Südosten, durchquert man auf teilweise recht kurviger Asphaltstraße eine Felslandschaft von kaum zu überbietender Bizarrerie. Rot, Grün, Blau, Ocker, Braun … In allen erdenklichen Schattierungen schimmern die stellenweise mehrere Hundert Meter hohen Felswände. Insbesondere, wenn man spätnachmittags unterwegs ist und die Berge im Licht der untergehenden Sonne mit einer Intensität glühen, als würde in ihrem Inneren noch Lava brodeln, ist die Szenerie von atemberaubender Pracht. Das Hinterland von Muscat ist freilich nicht nur eine Augenweide, sondern offenbart auch eine geologische Sensation: eine offen zutage liegende, sogenannte Mohorovicic-Diskontinuität, in Seismologenkreisen auch kurz Moho genannt. Während sich Erdkruste und Erdmantel überall sonst auf der Welt in etlichen Kilometern Tiefe berühren (diese Grenzzone heißt Moho), tun sie es an diesem Küstenstrich für jedermann sicht- und betastbar an der Erdoberfläche. Hier schoss zur Kreidezeit, also vor etwa hundert Millionen Jahren, aus einem gewaltigen Spalt in der Erdkruste Magma empor, ergoss sich auf den Meeresboden, erstarrte und wurde durch tektonischen Druck gegen die Kontinentalplatte Arabiens und schließlich an Land geschoben. Das Resultat: schwarzes, scharfkantiges Basaltgestein, vor dem sich Erdkundler mit größter Ehrfurcht verbeugen. Etwa 60 Kilometer nach Verlassen des urbanen Ballungsraums erhebt sich rechter Hand düster und schroff der Djebel Aswad, der »Schwarze Berg«. An seinen Abhängen hat die Regierung schon in den siebziger Jahren des letzten Jahrhunderts ein Reservat zur Rettung des arabischen Tahr, einer äußerst seltenen Halbziege, eingerichtet. Kurz danach schlängelt sich die Straße in Serpentinen dem Meer entgegen. Endpunkt ist der Hafen Quriyat.

Das Städtchen war einst für seine Pferdezucht gepriesen und zwischenzeitlich von den Portugiesen zerstört. Heute ist es im ganzen

1 Das Anfang der 1980er Jahre auf oktogonalem Grundriss errichtete Al Bustan Palace Hotel, … **2** … seine kathedralenartige Lobby … **3** … und eine Suite nach der 2008 erfolgten Wiedereröffnung. **4** Die Poollandschaft des Hotels Al Waha.

1 Botschaftsgebäude im Westen der Capital Area. **2** Orientalische Opulenz mit einem Schuss Hollywood prägt die Lobby des Grand Hyatt. **3** »Al Hosn«, das teuerste der drei Hotels von Shangri La's Barr Al Jissah Resort & Spa, thront über dem Meer. **4** Ihm zu Füßen erstreckt sich der Strandbereich. **5** An der Rezeption des Hotels Al Waha. **6** Das Restaurant »Sultanah« im »Al Hosn«.

Land bekannt für seine Salzgärten und mehr noch für die Herstellung von Halwa, jenem ebenso klebrigen wie köstlichen Dessert, bei dem echte Omaner, wenn sie es zum *qahwa,* zum Kaffee naschen, ein regelrechtes Suchtverhalten entwickeln. Quriyats Halwa-Kocher sind für gewöhnlich morgens aktiv und stets bereit, interessierten Gästen die Geheimnisse ihrer Profession zu erläutern. Während in ihren großen, mit Holz befeuerten Kupferkesseln die Grundsubstanz, eine zähflüssige Mixtur aus Wasser, Eiern und Zucker blubbert, bekommt man erklärt, dass der Masse später gelöste Weizenstärke, gemahlener Kardamom und Kümmel, Safran, Butterschmalz sowie Rosenwasser – und für die teuersten Sorten außerdem Walnüsse und Mandeln – hinzugefügt werden. Während der gesamten Prozedur, die zwischen zwei und vier Stunden dauere, müsse man das Halwa ständig rühren, um ein Verklumpen und Anbrennen zu verhindern. Spätestens wenn man sich ein zum Kosten gereichtes Würfelchen auf der Zunge zergehen lässt, versteht man die süße Passion der Omaner. Nur um seine Zahnplomben ängstigt man sich ein wenig.

Als ähnlich spektakulär, wenngleich auf andere Weise als im Hinterland, erweist sich östlich der Hauptstadt auch die Landschaft entlang der Küste. Ihre Buchten sind der Traum aller Taucher und Sonnenanbeter. Die feinsandigen Strände zwischen den steilen Klippen erscheinen endlos und menschenleer, das klare Wasser ist lauwarm und die maritime Fauna von einer Vielfalt und Farbenpracht, die es problemlos mit den schönsten Revieren des Roten Meeres, der Karibik oder der Malediven aufnimmt. Wer hier taucht, kann das näher an der Stadt gelegene Aquarium, wo man lediglich auf ein paar Seepferdchen, Buntbarsche, Krebse und triste, im Leerlauf vor sich hin paddelnde Schildkröten trifft, getrost vergessen.

Ende der achtziger Jahre hegte der Club Méditerranée Pläne, in diesem Paradies eine Dependance zu errichten. Damals schrieben die omanischen Umweltbehörden so strenge Auflagen vor, dass die Herren aus Frankreich ihr Projekt dankend zurückzogen. 15 Jahre

4

5

6

später überwand ein anderer Betreiber, die in Hongkong ansässige Kette Shangri-La, alle bürokratischen Hürden. Sie schuf unweit der Fischerdörfer Bandar Djissah und Qantab, ganz am Ende einer durch den Fels gesprengten Straße, eine Ferienanlage der Superlative. Das Barr Al Jissah Resort & Spa liegt in einer malerischen, völlig abgeschiedenen und doch nur 20 Autominuten von Muscat entfernten Bucht zu Füßen eines Kranzes hoher Felshänge. Es wurde im Jahr 2006 eröffnet und umfasst drei unterschiedliche Hotels mit insgesamt 680 Zimmern. Das Größte, genannt Al Waha (»die Oase«), ist als gehobenes Mittelklassehaus mit Spielplätzen, Nichtschwimmerpools und ganztägiger Kinderbetreuung speziell auf die Bedürfnisse von Familien zugeschnitten. Es ist durch den »Lazy River«, einen künstlichen Fluss, auf dem sich Badende herrlich treiben lassen können, mit dem zentralen Hotelkomplex, dem Fünfsternehaus Al Bandar (»die Stadt«), verbunden und teilt mit diesem auch den weitläufigen Hauptstrand der Bucht. Das Al Bandar besitzt eine ausgedehnte, schön gestaltete Garten- und Poolanlage mit vielen Brücken und Kanälen. Direkt an den Strand grenzt eine gepflegte Rasenliegewiese. Ein Atout ist das mit einem Dutzend Therapiepavillons bestückte »CHI Spa Village«, das eine Fülle von asiatisch inspirierten Behandlungsformen offeriert. Aufgrund einiger großzügig bemessener Konferenzräume, eines riesigen Ballsaals und eines Open-Air-Amphitheaters mit über 1000 Plätzen ist das Haus für alle Arten von Großveranstaltungen prädestiniert. Den krönenden Abschluss des Hoteltrios bildet im Westen, in erhöhter Lage auf einem Felsplateau, »Al Hosn«, auch »das Schloss« genannt. Dieses mit Abstand luxuriöseste der drei Häuser versteht sich als Refugium für Ruhe suchende Paare. Kinder und Jugendliche unter 18 Jahren sind hier nicht zugelassen. Zu seinen Highlights zählen der private Strand und der hoch über dem Meer zum genüsslichen Bad ladende Infinity Pool. Freilich kann der aktive Gast die Freizeit- und Unterhaltungsangebote der beiden anderen Hotels mitnutzen.

Nur wenige Kilometer weiter westlich erhebt sich in einer nicht minder prächtigen Bucht, umrahmt von Kokosnusshainen, Gartenanlagen und schwarzen Felskegeln, direkt an einem feinsandigen Strand der Klassiker unter den omanischen Luxushotels: das viel gerühmte »Al Bustan Palace«. Der pompöse, neunstöckige Palast,

1 Das Designerhotel The Chedi besticht sowohl im Poolbereich ... **2** ... als auch in der Lobby ... **3** ... und im Innenhof mit seiner puristischen Eleganz. **4** Der schattige Hotelgarten grenzt unmittelbar an den Strand. **5** Auch die Rezeption von The Chedi präsentiert sich perfekt durchgestylt.

den internationale Fachmedien mehrmals unter die besten Strandresorts der Welt wählten, wurde Anfang der achtziger Jahre innerhalb von 30 Monaten für das Gipfeltreffen der GCC, des Kooperationsrates der Golfstaaten, dem auch der Oman angehört, errichtet. Seit der Eröffnung dieses Hotels im Dezember 1985 beherbergt es auch alle offiziellen Gäste des Sultans. Im Herbst 2008 wurde das »Al Bustan« nach einer langwierigen und sehr aufwendigen Generalsanierung wieder eröffnet. Das etwas eigenwillige Äußere dieses einst für 130 Millionen Rial (rund 300 Millionen Euro) nach Entwürfen zweier zypriotischer Architekten errichteten Mammutbaus, seine oktogonale Grundform, aber auch die 38 Meter hohe, mit Marmor vertäfelte und von Weihrauchduft geschwängerte Mittelhalle, die mehr einer Kathedrale denn einer Lobby ähnelt, sind erhalten geblieben. Doch Infrastruktur und Ambiente der Hotellegende wurden von Grund auf modernisiert und entsprechen nun dem internationalen State of the Art.

Luxuriös urlauben lässt sich selbstverständlich auch innerhalb der Capital Area. Namentlich in den westlich der Zwillingsstadt Muscat-Mutrah, auf dem Weg Richtung Flughafen von Seeb gelegenen Villenbezirken Qurum, Al Khuwair und Al Ghubra, säumen meh-

rere Hotels den kilometerlangen Sandstrand. Den etwas verstaubten Charme eines kombinierten Business- und Resorthotels mit Spannteppichen, schweren Polstermöbeln und viel Beton verströmt das »Intercontinental«. Ungleich spektakulärer wirkt das »Grand Hyatt«, ein bestens ausgestatteter Riesenkasten, dessen orientalische Üppigkeit für manche wohl knapp an der Grenze zum Schwulst vorbeischrammt. Ein Liebling insbesondere unter betuchten Stilpuristen ist »The Chedi«. Sein Name verweist auf buddhistische Reliquienschreine, wie sie Heiligtümer in Südostasien schmücken. Mit seiner schlichten Eleganz, den klaren Linien, weißen Fassaden und minimalistisch möblierten Zimmern suggeriert dieses Design- und Lifestylehotel in der Tat maximale Gelassenheit. Eingebettet in eine über acht Hektar große, von Wasserläufen, Teichen und Brunnen durchsetzte Palmenlandschaft, liegt »The Chedi« direkt an einem der Öffentlichkeit nicht zugänglichen Strand – ein in allen Details sorgsam gestyltes Refugium, das die Sinne zugleich läutert und anregt, vor allem nach Sonnenuntergang, wenn unzählige Kerzen und Fackeln Gebäude und Garten illuminieren und sie in eine romantische Märchenszenerie aus 1001 Nacht verwandeln.

Fünfsternehotels in und um Muscat (eine Auswahl)

Shangri-La's Barr Al Jissah Resort & Spa, P.O.Box 644 Muscat, Postal Code 113, Tel. 24776666, Fax 24776677, www.shangri-la.com. Hotelanlage der Superlative, 20 Min. südöstlich von Muscat, 45 Min. vom Airport in Seeb in einer felsigen Bucht gelegen, mit drei unterschiedlichen Bereichen – dem Familienhotel *Al Waha* im gehobenen Mittelklassebereich, das *Al Bandar* im First-Class-Segment und das Luxushaus *Al Hosn* mit eigenem Privatstrand und Beach-Restaurant. Allen Gästen stehen u. a. Tennisplätze, Fitnessbereiche, Möglichkeiten zum Tauchen, Segeln und Surfen, Basarboutiquen, eine Fülle gastronomischer Angebote, von der Beach- und Poolbar bis zum Gourmetrestaurant, sowie das famose, in puncto Therapien und Ambiente von Traditionen aus dem Himalaja inspirierte *CHI Spa* zur Verfügung.
Al Bustan Palace Inercontinental, P.O.Box 1998, Postal Code 114, Mutrah, Tel. 24799666, Fax 24799600, www.albustanpalace.com. 1985 erbaut und im Herbst 2008 nach fast zweijähriger Generalrenovierung wieder eröffnet, präsentiert sich dieses in einer Bilderbuchbucht inmitten einer

8 ha großen Palmen- und Gartenoase gelegene Aushängeschild der omanischen Hotellerie auf den modernsten Standard gebracht; 200 Zimmer und 50 Suiten auf neun Etagen rund um eine 38 m hohe Lobby angeordnet, vier Restaurants, vier Lagunen-, ein Kinder- und ein Infinity Pool, Boutiquen, Fitnesscenter, Marina.
The Chedi, P.O.Box 964, 133 Al Khuwair, Tel. 24524400, Fax 24493485, www.chedimuscat.com; das Fünf-Sterne-Designerhotel ist Mitglied der Leading Hotels of the World und die erste Adresse für Liebhaber klarer Linien und schlichter Eleganz; das Ambiente lässt sich am besten als arabisch-asiatische Fusion bezeichnen, 151 puristisch, minimalistisch gestaltete Zimmer und Suiten, teilweise in zwei bis dreistöckigen Trakten, teilweise in Villen gelegen; Kühle spendende Teichlandschaft, zwei Swimmingpools, Lobby und Club Lounge, mehrere Restaurants, kleines Gym, sehr gediegenes Spa mit sieben Behandlungsräumen und vier Spa-Suiten.
Grand Hyatt, P.O.Box 951, Shatti Al Qurum, Postal Code 133, Tel. 24605282, Fax 24605282, www.muscat.grand.hyatt.com. Arabischer Prunk von schwelgerischer Opulenz – von den farbigen Mosaik-Panoramafenstern bis zur Goldkuppel, unter der sich eine ebenfalls goldene Reiterstatue dreht; schöner, aber etwas enger Poolbereich, weitläufiger Club Floor mit Open-Air-Terrasse; das Restaurant Tuscany gilt als ein Gourmettreff der Stadt, Nightlife gibt's im Club Safari, der John Barry Bar und in der hoteleigenen Diskothek.

1

2

3

4

Von Lehmburgen und Bergoasen

Nizwa und Umgebung – die Höhepunkte im Inneroman

Seit Jahrhunderten urbanes Zentrum des inneren Oman, hat sich Nizwa sein historisches Gepräge bewahrt. Zu Füßen des Hadschar-Gebirges laden Oasen wie Misfah oder Al Hamra und die beiden Lehmfestungen von Bahla und Djabrin zur Besichtigung ein.

Erster Anlaufpunkt jeder Rundreise durch das Landesinnere ist dessen historisches und religiöses Herz, das altehrwürdige Nizwa. Der 150 Kilometer südwestlich von Muscat gelegene Ort, der heute gut 60 000 Einwohner zählt, war vom 8. bis ins 12. Jahrhundert Hauptstadt des gesamten Oman und danach immer wieder für lange Jahre Sitz der Imame. Von hier aus nahm im 17. Jahrhundert die Einigung der Stämme durch die Yaruba-Dynastie und in der Folge die Vertreibung der Portugiesen von der Küste ihren Ausgang. Damals, um 1660, wurde binnen zwölf Jahren jenes mächtige Fort errichtet, das bis heute Nizwas topografisches und auch politisch-historisches Zentrum bildet. Dieser vor wenigen Jahren vollständig renovierte Wehrbau ist mit seinem 35 Meter dicken und über 30 Meter hohen Festungsturm auch die erste und wichtigste Station bei jedem Stadtrundgang. Nur wenige Schritte weiter erhebt sich das wichtigste Gotteshaus der Stadt: die von einer blau-goldenen Kuppel bekrönte Große Moschee. An Vormittagen wird auch Nichtmuslimen der Zutritt in das geräumige und herrlich stille Innere gewährt.

Nizwa ist ebenfalls seit alters ein Zentrum des Kunsthandwerks. Berühmt sind über die Landesgrenzen hinaus besonders der in den hiesigen Werkstätten geschmiedete Silberschmuck und die reich verzierten Krummdolche. Weithin bekannt ist auch der große Viehmarkt, der freitagvormittags am Rand des Suqs abgehalten wird. Beduinen aus der Umgebung geben sich da zu Hunderten ein Stelldichein, um vorwiegend Lämmer und Ziegen, aber auch Rinder zu verkaufen oder zu erstehen. Dieses geschäftige Treiben hat für Jung und Alt auch eine wichtige soziale Funktion. Wo sonst ließen sich so ausführlich und ungezwungen Nachrichten und Meinungen austauschen?

Der Markt dieser altehrwürdigen Stadt war im ganzen Land für sein malerisches Kolorit bekannt. Doch in den siebziger und achtziger Jahren hat man auch die hiesigen Suqs, mit Ausnahme eines

1 Nizwa ist eingebettet in weitläufige Dattelhaine. **2** Die Früchte werden je nach Sorte zwischen Juni und Dezember geerntet. **3** In einer Oase des bergigen Hinterlands. **4** Der große Viehmarkt von Nizwa wird immer freitagvormittags abgehalten.

1

2

3

ganz kleinen, sich mittlerweile in einem desolaten Zustand befindlichen Rests, durch Neubauten ersetzt. Die einzelnen Branchen – von den Gemüse- bis zu den Antiquitätenhändlern – sind sehr proper in verschiedenen Gebäudetrakten voneinander getrennt. Die Wege sind gepflastert, die Lebensmittelabteilungen gekachelt. Es gibt Klimaanlagen und hydraulische Türen, Lieferanteneingänge und einen Erste-Hilfe-Raum. Und all dies ist mit arabischen und lateinischen Lettern beschriftet.

Wer die großen Basare des Orients zwischen Marrakesch, Kairo und Isfahan kennt, ist im ersten Moment geneigt, angesichts solcher Funktionalität und Sauberkeit die Nase zu rümpfen, mag vielleicht das typisch morgenländische Flair und charmante Durcheinander vermissen. Doch sind solche Überlegungen gerechtfertigt? Die Lebensmittel sind jetzt nicht mehr, wie anderswo auf diesen Breitengraden, von Fliegen umschwärmt, die eigenen Schuhe, selbst nach einem ausführlichen Bummel, nicht verschmutzt. Auch wird man als Europäer weder von Schleppern noch von öligen Schwätzern belästigt. Und bei der Fisch- oder Dattelversteigerung etwa oder beim freitagmorgens Feilschen ums Vieh kommen orientalisches Flair und Temperament immer noch zu ihrem Recht.

4

Eine halbe Autostunde westlich von Nizwa schmiegt sich an einen steilen Ausläufer des Djebel Akhdar, des »Grünen Gebirges«, der Ort Al Hamra, die »Rote«. Die Altstadt mit ihren zum Teil hohen Häusern aus Lehmziegeln trägt eindeutig jemenitische Züge: die

7

6

1 Marktszene in Sinaw, einer der südlichsten Oasen des Nordoman. **2** Hauptportal der Sultan-Qabus-Moschee in Nizwa. **3** Am Eingang zum Suq. **4** Das alte Stadttor von Nizwa. **5** Eine verzierte Haustür, wie man sie im ganzen Land findet. **6** Begrüßungszeremonie mit Kaffee im Hof einer Lehmfestung. **7** Nizwa ist seit alters das religiöse Herz des Landes: die Sultan-Qabus-Moschee.

unteren Stockwerke für Ställe und Lager fensterlos, mit einer winzigen Tür als Haupteingang, dafür mit Schießscharten versehen, die Obergeschosse für die Wohnräume und den Madjlis, den Empfangsraum des Hausherrn, von zahlreichen Fenstern durchbrochen und an den lehmbraunen Außenfassaden zuweilen reich verziert. Es sind kleine Festungen, in denen die Oberhäupter der Familienclans residieren. Die meisten von ihnen stehen allerdings leer und verfallen. Ihre Besitzer haben sich an der Peripherie komfortablere, moderne Häuser errichtet. Ein Grund dafür ist sicher, dass der Einbau von Wasserleitungen und eines Abwasserkanals in den alten Häusern nur schwer möglich ist.

Von Al Hamra schlängelt sich eine Straße in steilen Serpentinen nach Misfah. Archaische, wie Adlerhorste an Felsspornen klebende Steinhäuser, enge, verwinkelte Gassen … Für einen Moment wähnt man sich in einem Bergdorf Apuliens oder Griechenlands. Doch die Mädchen und Frauen, die aufgeregt schnatternd den Schleier vor ihre Gesichter ziehen und in dunkle Hausecken wegtauchen, sobald sie den Fotografen sehen, holen den Besucher sofort in die arabische Realität zurück. Je weiter weg die Menschen von den

1 Omans »Grand Canyon« ... **2** ... schneidet über 1000 Meter tief in das Massiv des Djebel Shems. **3** Auch im engen Wadi Ghul gedeihen dank ausgeklügelter Bewässerungssysteme Palmenhaine und üppige Felder. **4** Aus der Luft ... **5** ... wie auch von der Hauptstraße unten im Tal wird die Bezeichnung »Dach des Oman« für das Gebirge verständlich.

Städten leben, desto unverbrüchlicher ist ihr Glaube, dass eine Kamera ihnen die Seele raubt.

Die Felshänge und Wadis rund um Misfah sind völlig vegetationslos und trocken. Doch beim Spaziergang durch seine Oase tut sich ein tropisches Schlaraffenland auf: sattes Grün, feuchtkühle, würzige Luft, Orangen-, Zitronen-, Mangobäume und Dattelpalmen schwer von Früchten. Zur Bewässerung der angelegten Terrassen dient ein raffiniert angelegtes System aus Röhren, Rinnen und Wasserfällen. Verborgene Waschnischen und Zisternen werden von den Kindern auch als Plantschbecken genutzt.

Das Wadi Ghul schneidet westlich von Al Hamra tief in die Flanke des Akhdar-Massivs. Auch in dieser Felsschlucht, die die Sonne selbst im Sommer nur für wenige Stunden erreicht, leben Menschen! Das Dorf Nakhar besteht aus etwa zehn Häusern. Bewohnt sind sie für gewöhnlich ausschließlich von Frauen und Kindern. Die Männer verdienen draußen in der Welt das Geld. Die Straße in das Tal wurde erst Anfang der neunziger Jahre gebaut. Bis dahin brauchte man bis Ghul, der nächsten größeren Siedlung, drei Stunden auf dem Esel.

Vom Ende des Tals hat das Militär eine asphaltierte Straße hinauf zum »Dach des Omans«, den 3000 Meter hohen Djebel Shems, gebaut, dessen Gipfel eine riesige Radarhaube krönt und daher Sperrgebiet ist. Über einen Seitenweg können Zivilisten jedoch eine Felskante erreichen, von der aus man schwindelerregend über tausend Meter tief in Omans »Grand Canyon« hinabblicken kann. Auf dem Hochplateau, scheinbar fern jeder Siedlung, bieten Halbwüchsige und alte Männer Teppiche feil. Die Ware ist über Holzgerüste gebreitet, das Gewebe grob, aber die Farben und geometrischen Muster sind von überzeugender Einfachheit und Kraft. Die Bergnomaden des Djebel Shems sind berühmt für ihre Webprodukte aus Ziegenhaar.

4

5

Ein Stück westlich der Abzweigung zum Djebel Shems liegt die Oase Bahla. Ihre gigantische Festungsruine aus Lehm und die zwölf Kilometer lange, den Ort umgebende Mauer wurde von der UNESCO in die Liste der erhaltenswürdigen Weltkulturgüter eingereiht. Die Fassade der Festung ist seit etlichen Jahren teilweise eingerüstet und ihr Inneres für Besucher wegen der Restaurierungsarbeiten nicht zugänglich. Bekannt ist Bahla seit Jahrhunderten für seine Keramikproduktion. Die interessantesten Werkstätten liegen in einem Palmenhain unweit des alten Suqs. Ihre Wahrzeichen sind altertümliche, runde Brennöfen. Aus deren Lehmkuppeln qualmt dichter, schwarzer Rauch, während in ihrem Inneren die Rohlinge, meterhoch gestapelt, bei 600 bis 800 Grad gebrannt werden. Vor den Öfen befinden sich die Schlämmbecken, in denen man die Tonerde von Steinen und Schmutz befreit und mit Wasser zu einer gut knetbaren Masse vermengt. In den angrenzenden Häusern sitzen die Töpfer an ihren teils schon elektrisch, teils noch mit Fuß betriebenen Drehscheiben und ziehen in atemberaubendem Tempo Gefäß um Gefäß hoch. Ihr Verkaufshit:

1 Fort Bait al Radidah unweit der Oase Birkat al Mawz. **2** Eine Serpentinenstraße führt vom Wadi Ghul hinauf bis an die Kante der Schlucht. **3** Wie Adlerhorste kleben die verschachtelten Häuser von Misfah auf einem Felssporn. **4** Omans Lehmburgen sind, wie hier jene in Nakhl, traditionell eingerichtet.

Vorratsbehälter für Weizen und Datteln sowie riesige poröse Krüge zum Wasserkühlen.

Noch eine Festung – Djabrin. Sie ist das Prunkstück des Landes, mehr ein Wohnpalast als eine Wehranlage. Ihr Bauherr war Imam Bilarab vom Stamm der Yaruba, dessen Vater einen Ehrenplatz in der Landesgeschichte einnimmt, weil er die Portugiesen endgültig vertrieb. Bilarab, ein Ästhet und Kunstfreund, der sich gern mit Gelehrten und Poeten umgab, verlegte 1668 seine Residenz von Nizwa hierher. Er ist im Souterrain des Palastes beigesetzt.

Die Erkundung der Anlage entpuppt sich als Gang durch ein Museum für omanische Wohnkultur. Der zweitraktige Bau ist mustergültig restauriert, ein Labyrinth aus ineinander verschränkten Treppen, Nischen, Spitzbögen, Schlafkammern sowie repräsentativen Wohnzimmern und Empfangssälen, die sich auf mehreren Stockwerken und Zwischengeschossen um zwei Innenhöfe gruppieren. Auffallend ist die Freude am gestalterischen Detail: Allenthalben finden sich filigrane Gipsstuckaturen, geschnitzte Fensterläden und mit floralen Ornamenten reich bemalte Holzdecken. In den vielen Wandregalen sind Waffen, Keramik und Porzellan ausgestellt. Die Böden sind mit Teppichen, Palmenmatten und bestickten Polstern ausgelegt.

Vom flachen Dach des Palastes reicht der Blick weit in die menschenleere Ebene im Südwesten der Wüstenprovinz Dhahirah. Hinter dem Horizont lässt sich die Öde des dort beginnenden »Leeren Viertels« erahnen. In der Gegenrichtung fällt der Blick auf eine Retortensiedlung. Bis vor einigen Jahren war die Festung Djabrin von einer alten Lehmsiedlung und einem malerischen Palmenhain umgeben. Im Zuge der Restaurierung wurden Dorf und Bäume dem Erdboden gleichgemacht und die Bewohner in die neuen Betonhäuser umgesiedelt.

Ein letzter Abstecher führt von Nizwa in den Süden. Erste Station ist die Oase Manah. Wie schon in Al Hamra, offenbart sich auch hier die leidige Geschichte: der Triumph der Bequemlichkeit über

die Tradition. Mit dem Unterschied, dass sich diese Altstadt als komplett verlassen und zugleich als noch weit malerischer erweist. Ausgestorbene enge Gassen, verwitterte Mauern, Ziehbrunnen, eingestürzte, teils mehrstöckige Häuser und Türme; und dazwischen kleine Moscheen, die – eine seltene Gelegenheit –, weil nicht mehr benutzt, auch für Nichtmuslime betretbar sind. Die zweite Station am Rand der großen Wüste ist die Oase Adam. Folgte man dem Asphaltband der Transversale von hier weiter südwärts, erreichte man nach 800 Kilometern Salalah, die Hauptstadt der Provinz Dhofar. Spätestens ab März, wenn die Temperaturen mitteleuropäisches Hochsommerniveau erklimmen, lässt sich leicht nachvollziehen, dass die Karawanen, die von Süden durch die vegetationslose Öde aus Geröll und Kies Richtung Nizwa zogen, diesen Ort aus der Entfernung als Fata Morgana und nach ihrer Ankunft als Paradies empfanden. Der Schatten seiner majestätischen, von einem weitverzweigten Kanalnetz durchzogenen Palmenhaine ist selbst für heutige schnöde Autofahrer ein Labsal. Man ist geneigt sich vorzustellen, rücklings in dem flachen, kühlen Wasser zu liegen und offenen Mundes zu warten, bis einem eine reife Dattel in denselben plumpst.

Nizwa und Umgebung

Anreise/Route
150 km auf tadelloser Schnellstraße von der Hauptstadt Richtung Südwesten via Bidbid und Samail. Etliche Male pro Tag gibt es direkte Busverbindungen von Ruwi/Capital Area.

Attraktionen
In Nizwa: Festung mit Panoramablick vom Dach des mächtigen Kanonenturms, Große Moschee, Basar, speziell Kunsthandwerksmarkt sowie Do und Fr Viehmarkt.
Im Umland: Historischer Kern von Al Hamra, Oase Misfah, Omans »Grand Canyon« auf dem Djebel Shems, Lehmfestungen Bahla und Djabrin; Bait al Radidah mit Festung, Birkat al Mawz, die Oasen Manah (25 km) und Adam (80 km).

Spezialtipps
Al-Hotta-Höhle: 5 km langes, von einem unterirdischen Fluss durchzogenes Karstsystem auf dem gleichnamigen Plateau, Eingang im Dorf Al Hotta, unweit von Al Hamra, Sept.–Juni Di–So 9–18 Uhr.

4

Djebel Akhdar: Auf dem »Grünen Berg« – genauer: in den Dörfern des nach dem Hauptort benannten Saiq Plateau – wird alljährlich im April das legendäre Rosenwasser produziert. Rund 150 Männer sind dann mit dem Pflücken der Blüten, dem Destillieren des Extrakts und dem Abfüllen in Flaschen beschäftigt. Erhältlich ist die kostbare, ein wenig trübe, aber wunderbar duftende Essenz in Nizwa und anderen Märkten der Umgebung sowie in Salalah und Muscat, nicht jedoch außerhalb des Oman. Denn um sinnvoll für den Export zu produzieren, reicht die Anbaufläche nicht aus.

Übernachten
Golden Tulip Nizwa, Nizwa, P.O.Box 1000, Tel. 25431616, Fax 25431619, www.goldentulipnizwa.com, DZ ab 75 €. Zehn Autominuten südöstlich der Stadt am Fuß der Hadschar-Berge gelegene Anlage, im einheimischen Stil gestaltet, schöner Pool; die Lage außerhalb der Stadt wird durch die Stille und das Landschaftspanorama wettgemacht.

1

2

3

4

Die Heimat der Seefahrer

Sur und die Provinz Sharqiya – einst Tor nach Ostafrika

Jahrhundertelang genoss Sur als Umschlagplatz für afrikanische Waren und als Zentrum des traditionellen Schiffbaus große Geltung. Der Küstenstrich beiderseits der zu neuem Leben erwachten Hafenstadt lockt mit unberührten Stränden und malerischen Felstälern.

Am östlichen Ende des Hadschar-Gebirges liegt an einem natürlichen Meeresarm Sur, jene Hafenstadt, die den Omanern jahrhundertelang als Umschlagplatz für Sklaven, als Zentrum des traditionellen Schiffbaus und als Ausgangspunkt für den Handel mit ihren Besitzungen in Ostafrika diente. Eine erste Rundfahrt offenbart nicht sonderlich Erbauliches. Der größte Teil der Stadt erweist sich als neuzeitlich und ziemlich gesichtslos, das Fort als unzugänglich, weil unter Militärverwaltung. Der Suq bietet ein mittelmäßiges Sortiment von modernen Konsumgütern und »Foodstuff«. Die Strandpromenade hat man in jüngster Zeit verschönert, neu gepflastert. Auf ihr herrscht nach Feierabend fröhliches Treiben, wird flaniert und Fußball gespielt. Ins Auge fallen im Stadtteil Sahil die kunstvoll geschnitzten Holztüren der älteren Häuser. Sie sind kunsthandwerkliche Nebenprodukte aus der großen maritimen Vergangenheit, da die ansässigen Seefahrer die hohen Hecks ihrer Dhauen mit aufwendigen Schnitzornamenten verzierten.

Die Portugiesen haben Sur Anfang des 16. Jahrhunderts, weil sie ihm keine Bedeutung beimaßen, von der Zerstörung verschont, worauf es das weiter nördlich gelegene Qalhat beerbte und zum zentralen Handelsplatz der Ostküste aufstieg. Die Briten haben es 300 Jahre später, als es in voller Blüte stand, seiner wichtigsten Einnahmequelle, des Sklavenhandels, beraubt. Und die strenggläubigen Wahhabiten aus Saudi-Arabien haben es kurz darauf in einer Art Missionskrieg weitgehend zerstört, woraufhin es in die Provinzialität versank.

Die Hauptattraktion der Stadt ist ohne Zweifel der Creek. An seinem Ufer waren bis vor wenigen Jahren noch zwei Werften in Betrieb – Reservate für die altehrwürdige, vom Aussterben bedrohte Schiffbauerkunst, in denen es nach Teakholz, Algen und heißem Pech duftete und neugierige Fremde, so sie um Erlaubnis fragten, nach Herzenslust umherschnüffeln durften. Heute liegen am Strand nur noch einige wenige hölzerne Schiffsrümpfe auf Kiel.

1 Sur – im Bild ein Minarett – war früher ein Zentrum des Schiffbaus. **2** Hektik scheint in der Hafenstadt ein Fremdwort. **3** Das Bibi-Miriam-Mausoleum ist das einzige Relikt der alten, durch Erdbeben zerstörten Stadt Qalhat. **4** Der Leuchtturm am Hafen von Sur wies einst Seefahrern aus Ostafrika den Weg.

1 Das Wadi Shab, ein Bilderbuchtal, das nördlich von Qalhat ins Hadschar-Gebirge schneidet. **2** Das felsig-schmale Wadi Tiwi ist nur an seinem Ausgang mit dem Wagen befahrbar … **3** … und von dichten Palmenhainen gesäumt. **4** Der für die Herstellung von Halwa, einer leckeren Süßspeise, bekannte Küstenort Quriyat.

An zwei, dreien wird noch etwas repariert. Davor, im flachen Wasser des allmählich versandenden Meeresarms, ankert eine Handvoll größtenteils modriger und ausrangierter Dhauen. Noch Mitte des 19. Jahrhunderts, als Sur eine Flotte von über 100 Frachtschiffen besaß, brachen die Händler von hier nach Mombasa, Pemba und Sansibar auf, und kehrten mit Gewürznelken, Elfenbein oder Sklaven schwer beladen beim nächsten Monsun zurück. Von hier segelte auch der Ire Timothy Severin 1980 mit seiner »Sohar«, einer originalgetreu, ohne Nägel rekonstruierten Dhau Richtung Südchina los, um zu beweisen, dass Seereisen, wie sie der legendäre Sindbad und dessen Zeitgenossen angeblich vor 1000 Jahren unternommen haben, tatsächlich möglich sind.

Folgt man von Sur aus der Küste des Arabischen Meeres nach Norden, sieht man bald nach der Stadtgrenze rechter Hand eine gigantische Industrieanlage stehen. Sie dient der Verflüssigung von Erdgas. Omans Ölquellen werden voraussichtlich in circa 20 Jahren versiegen. Unter dem Druck, seine Wirtschaft auf eine breitere und damit sichere Basis zu stellen, setzt das Land nun auch auf Gas. Davon lagern in seinem Boden angeblich über 700 Milliarden Kubikmeter. Die Gesamtinvestitionen für das kurz vor der Jahrtausendwende fertiggestellte Werk bei Sur werden mit fünf Milliarden Dollar beziffert. Seine Jahreskapazität beträgt sechseinhalb Millionen Tonnen. Nachdem man von dem kühnen, des Längeren erwogenen Plan, als Exportweg eine 1200 Kilometer lange, bis zu 3500 Meter tief auf dem Grund des Meeres führende Pipeline nach Indien zu bauen, Abstand genommen hatte, wird das Gas nun von hier aus, auf minus 160 Grad gekühlt, mit speziellen Tankschiffen zu den Abnehmern nach Südostasien befördert.

Die Landkarte verzeichnet als nächsten Ort Qalhat. Von der einst blühenden Stadt, über die Marco Polo und Ibn Battuta begeistert schrieben, sind nach einem Erdbeben und der Heimsuchung durch die Portugiesen nur noch Fragmente erhalten. Das einzige noch vor-

handene Gebäude ist ein kleiner, ursprünglich fein verzierter Kuppelbau. Dieses sogenannte Bibi-Miriam-Mausoleum befand sich lange Zeit in einem desolaten Zustand, wurde jüngst jedoch restauriert. Eine ungleich gigantischere Baustelle säumte in den letzten Jahren den gesamten Küstenabschnitt von Sur bis in den rund 200 Kilometer nördlich gelegenen Hafen Quriyat. Eine Autobahn soll künftig diesen bislang wenig entwickelten Landesteil erschließen – für die Wirtschaft, aber auch für den Fremdenverkehr. Derzeit wird diese prachtvolle und weitgehend menschenleere Küste noch sehr wenig bereist. Es sind mehrheitlich Tagesausflügler aus der Hauptstadt, die vereinzelt über die lange, streckenweise recht abenteuerliche Schotterpiste südwärts rumpeln. Ihr Ziel: Wadi Tiwi und Wadi Shab, zwei überaus malerische, nur zu Fuß erkundbare Felstäler, die nördlich von Qalhat nahe nebeneinander tief in die Wände des Hadschar-Gebirges schneiden. Jeder der beiden wildromantischen Canyons ist gesäumt von schattigen Limonen-, Mango- und Dattelgärten, durchflossen von glasklaren Bächen, die sich stellenweise zu Teichen stauen. Jedes Tal lässt sich in knapp zwei Stunden bequem durchwandern.

Sur und die Provinz Sharqiya

Anreise
Von Muscat auf der neuen Küstenautobahn über Quriyat und Qalhat nach Sur (gut 260 km). Aus dem Landesinneren Zufahrt über Ibra und Al Kamil.

Attraktionen
Sur mit ehemaligen Dhauwerften am Creek und Stadtteil Sahil; Bibi-Miriam-Mausoleum bei Qalhat; Wadi Tiwi und Wadi Shab.

Spezialtipp
Schildkröten beobachten am Ras al Jinz: Nahe dem ca. 40 km östlich von Sur gelegenen Fischerdorf Ras al Hadd mit seiner 450 Jahre alten Festung haben Briten vor wenigen Jahren frühgeschichtliche Funde ausgegraben, die bereits für das 3. Jahrtausend einen Kontakt mit Kulturen des Industals belegen. Unverzichtbar ist die Fahrt an den östlichsten Punkt der Arabischen Halbinsel: Erstens wegen der atemberaubenden Landschaft mit ihren vielfarbigen Felsformationen und zweitens wegen der Sandstrände von Ras al Jinz. Diese Sandstrände und die zum Oman gehörige Insel Masirah, weiter südlich, werden regelmäßig von Meeresschildkröten zum Nisten aufgesucht. Das Betreten des Schutzgebiets ist grundsätzlich untersagt. An bestimmten Stellen jedoch darf man in kleinen Gruppen, von eigens ausgebildeten Wächtern geführt,

4

des Nachts die weiblichen Tiere bei der Eiablage beobachten. Voraussetzung für das unvergessliche Erlebnis: Man hat den Besuch über ein Hotel oder Reisebüro bei einer dafür lizenzierten einheimischen Agentur gebucht oder sich beim zuständigen Ministerium in Muscat die Genehmigung dafür selbst besorgt.

Übernachten
Sur Plaza Hotel, Muscat Road, Tel. 25443777, Fax 25442626; DZ 85 €; ordentliches Dreisternehaus, oberhalb der historischen Altstadt am Ortseingang gelegen. Die 108 Zimmer verfügen über Klimaanlage, Satellitenfernsehen, Telefon, Minibar und Bad/WC, zudem Swimmingpool, Fitnessraum und Restaurant mit internationaler Küche.
Einfache Quartiere für Schildkrötenbeobachter:
Ras al Hadd Beachhotel, Al Khuwair, P.O.Box 400, Tel. 99376989, Fax 25542228, DZ 60 €. Sehr einfache Zimmer mit Bad/WC, kein Strand, ca. 60 km von Sur entfernt.
Turtle Beach Resorts, P.O.Box 303, Tel. 25543400, Fax 25543900, www.surtoursonline.com. Palmenwedelhütten mit Bett und Kleiderständer, Gemeinschafts-WC und -Waschgelegenheiten, nette Bucht mit Sandstrand, Hütte für 2 Personen 37 €; ca. 60 km von Sur entfernt.

1

2

3

4

Wüsten-Feeling pur

Wahiba Sands – Dünenlandschaft aus dem Bilderbuch

Omans Binnenwüste misst 300 mal 70 Kilometer und ist seit den Expeditionsberichten von Wilfred Thesiger weltberühmt. Dank ihrer bis zu 250 Meter hohen Dünen sowie der spezifischen Fauna und Flora ist sie auch für Wissenschaftler von besonderem Interesse.

Einen landschaftlich denkbar großen Kontrast nicht nur zur Capital Area, sondern auch zu den schroffen Gebirgsformationen der Hadschar-Berge bilden im äußersten Osten des Nordoman die Wahiba Sands. Diese etwa 300 mal 70 Kilometer große Binnenwüste fasziniert durch ihre ungewöhnlich vielfältigen, bis zu 250 Meter hohen Dünen und eine sehr spezifische Fauna und Flora, die erst Mitte der achtziger Jahre von einem vielköpfigen Wissenschaftlerteam unter Leitung der Londoner Royal Geographic Society erstmals systematisch erforscht wurde. Im Osten und im Süden reicht diese Wüste, die von Ferne wie ein flaches, goldgelb leuchtendes Gebirgsmassiv wirkt, direkt an den Indischen Ozean. An den beiden anderen Seiten wird sie von breiten Tälern, dem Wadi Halfayn und dem Wadi Batha, begrenzt. Vor allem in Letzterem bieten mittlerweile etliche Touristencamps ihre Dienste an: Fahrten in allradbetriebenen Geländewagen über die spektakuläre, weil steil abbrechende Dünenszenerie, Übernachtungsmöglichkeiten in komfortablen Wollzelten sowie romantische Abende am Lagerfeuer, Lamm am Spieß, süßen Tee, Wasserpfeife und abenteuerliche Geschichten aus der gar nicht fernen, vormodernen Zeit inklusive.

Die Beduinen, die diese Camps betreiben und die meiste Zeit des Jahres in den nahen Dörfern leben, sind nicht mehr jene langmähnigen, unbändigen Nomaden, denen noch vor zwei, drei Generationen britische Pioniere wie Lawrence von Arabien und Wilfred Thesiger auf der Arabischen Halbinsel begegneten. Zumindest die Jüngeren können lesen und schreiben und haben für ein paar Jahre Jobs in der Armee. Viele besitzen in den Oasen am Wüstenrand Gärten, in deren Nähe sie zur Erntezeit ziehen. Die Kinder gehen zur Schule. Für die Alten wurden im Tal an der Hauptstraße feste Häuser gebaut, in denen sie, umgeben vom Komfort der Sesshaften, ihren Lebensabend verbringen. Die Regierung liefert den

1 Mit Henna verzierte Fingerspitzen … **2** … und das farbige Kopftuch (*lahaf*) sind für Omans Frauen Ausdruck selbstbewusster Traditionspflege. **3** Eine Wasserpfeife gehört zum Abendprogramm im Touristencamp. **4** Kleiner Kamelkonvoi: Die Vierbeiner sind selbst stärksten Geländewagen im Sand überlegen.

1 Im Geländewagen durch die Dünen düsen – ein gängiges Touristenvergnügen. **2** Auf dem Kamelmarkt von Sinaw. **3** Gemütlicher Plausch im Beduinenzelt nahe der Oase Al Qabil. **4** und **5** Die Gesichtsmaske ist vor allem auf dem Land noch gang und gäbe. **6** Willkommenstee im Nomadic Desert Camp.

Beduinen, wenn es knapp wird, Wasser mit Tankwagen. Sie sorgt für Spitäler, Ausbildungsplätze und eine gewisse soziale Sicherheit. Vor allem aber brachte sie Frieden. Vor 1970, so hört man als Gast die Einheimischen immer wieder erzählen, sei das Leben unsäglich schwer gewesen. Ganze Stämme gingen an Durst zugrunde. Mit den Nachbarn kämpfte man ununterbrochen um Brunnen, Kamele, Weidegründe. Erst seit der Thronbesteigung durch Sultan Qabus gebe es, Allah sei Dank, endlich ein Rechtssystem und klare Reviergrenzen, und für Notfälle einen staatlichen Schiedsrichter.

Unbedingt erleben sollte man in dieser Region eines der häufig stattfindenden Kamelrennen. Sie sind die archaischen Gegenstücke zu jenen noblen Veranstaltungen, die man in Dubai oder Abu Dhabi zu inszenieren pflegt – Volksfeste eher denn Wettkämpfe und, was ihre gesellschaftliche Bedeutung betrifft, in etwa mit den sonntäglichen Fußballspielen in Europa vergleichbar. Eine schnurgerade Sandpiste, an ihrem Ende, kurz hinter dem Ziel, ein Drahtzaun, der die wie ferngesteuert galoppierenden Tiere zum Stehenbleiben zwingt. Und ein Erdhügel – der Treffpunkt für das Publikum, unter das sich auch bunt gewandete Beduinenfrauen mischen. In dem Moment, in dem die Tiere am Start mit den leichtgewichtigen Jockeys auf dem Höcker davonstieben, schwingen sich die Betreuer auf ihre Geländewagen und rasen seitlich des Turfs hupend und brüllend hinterher. Es ist ein Rennen neben dem Rennen. Die Männer haben freilich guten Grund, ihre Schützlinge anzufeuern: Neben der Ehre und den enthusiastischen Fans erwartet die Sieger am Ziel eine Gruppe von Kundschaftern aus den Emiraten, und die zahlen im Auftrag ihrer Scheichs Preise, für die man ein fabrikneues Auto bekommt. Die Kamele der Wahibis gelten als schnellste Rennkamele ganz Arabiens.

Eine morgendliche Fahrt am Fuß der Wahiba Sands über Nebenwege von der Oase Al Mintirib das Wadi Batha entlang über Al Kamil Richtung Meer offenbart einen idyllischen, von der Hektik der Moderne kaum berührten Alltag. Man begegnet Pritschenwagen, die dem Fremden fröhlich winkende Beduinenkinder zur Schule fahren, und rudelweise jungen Kamelen, denen ihre Herren ein Lauftraining verpassen. Rechts und links der teils sandigen, teils Schotterpiste sieht man immer wieder Nomadenlager, Palmenhaine, Wanderdünen, vereinzelt Felskegel, stählerne Wassertanks und kleine Moscheen, die Reisenden als spirituelle Raststationen dienen. Ab und zu entdeckt man in dem staubtrockenen Flussbett kreisrunde, von Erdaushub umkränzte Löcher. Es sind Schächte, die den Verlauf eines Falaj, eines jener alten unterirdischen Kanäle anzeigen, mit denen seit vorchristlicher Zeit schon die meisten Felder und Palmenhaine des Inneroman bewässert werden. Rund um die beiden malerischen Oasen Bilad Bani Bu Hassan und Bu Ali durchquert man einen, wenn auch spärlichen, so doch regelrechten Wald. Er besteht aus Prosopis, einer wundersamen Spezies von Baum, deren Wurzeln dem Grundwasser bis in 60 Meter Tiefe entgegenwachsen. Ihre kleinen, wächsernen Blätter können Nebel und Tau direkt aus der Luft absorbieren. Deshalb kann al Ghaf, wie die Einheimischen diesen unbezahlbaren Lieferanten von Schatten, Futter, Bau- und Brennholz nennen, mehrere Jahre ohne Regen überdauern.

Wahiba Sands

Anreise
Von der Capital Area Richtung Nizwa, ab Bidbid ostwärts Richtung Sur über Ibra an den Nordrand der Wahiba Sands (ca. 180 km von Muscat entfernt).

Übernachten
Eine Nacht in der Wahiba-Wüste zu verbringen, ist ein besonderes Erlebnis. Als Tourist kann man in einem der Camps nächtigen, sei es im Zelt, in Palmenhütten oder in Freiluftbetten unter klarem Sternenhimmel. Ein Leitbetrieb unter den örtlichen Veranstaltern sind Nomadic Adventures & Tours, Bidiyah, P.O.Box 153, Tel. 99336273, Fax 25586241, www.nomadicdesertcamp.com.

6

Das seit mehr als 20 Jahren von Rashid al Mughairy und seiner Familie geführte Unternehmen bietet Tagesausflüge und mehrtägige Safaris auf Kamel- oder Pferderücken und in 4WDs sowie Besuche bei Kamelrennen und einheimischen Beduinenfamilien an. Außerdem betreibt es, etwa 20 km südlich des Städtchens Al Wasil, das Nomadic Desert Camp. Inmitten der Sandwüste, zu Füßen mächtiger Dünen gelegen, stehen hier mit komfortablen Betten ausgestattete Barastihütten (Palmenwedelhütten), gepflegte Sanitäranlagen, Hütten und Feuerstellen für geselliges Beisammensein bei Tee, Kaffee und Wasserpfeife. Da kein Strom mit einem Generator erzeugt wird, sondern Gaskocher und Petroleumlampen verwendet werden, ist die ersehnte Wüstenstille garantiert. Preis pro Person und Nacht: 54 €, in der Einzelhütte 63 €. Partner in Deutschland: *Profi Team Reisen,* 85609 Aschheim bei München, Tel. 089-9045051, Fax 9033980, www.profiteam.de

1

2

3

4

Norwegen am Arabischen Golf

Musandam – faszinierende Felsriegel und Fjorde

Die Halbinsel an der Straße von Hormus betört durch ihre dramatische Gebirgsszenerie. Auf schmalen Straßen schraubt man sich hinauf zu wildromantischen Dörfern. Die grandiose Welt der von steilem Fels gesäumten Khors erfährt man am besten an Bord einer Dhau.

Szenenwechsel, hinauf zum nördlichsten Zipfel des Landes: Mit einer zweipropellrigen Maschine der Oman Air fliegt man von Muscat aus die Sichelküste der Batinah entlang. Zu Füßen liegen Retortensiedlungen, Landvillen, die grünen Gevierte der Farmen, Barka und Sohar. Rechter Hand tauchen die Daymaniyat-Inseln auf – unbewohnte, von türkis leuchtenden Korallenriffen umkränzte Sandbänke, auf denen scharenweise Seevögel nisten. Nach einer Stunde versperrt plötzlich ein aus dem Meer ragender gigantischer Felsriegel den Horizont, Ruus al Djibal, die »Köpfe der Berge« – die Halbinsel Musandam.

Beim Näherkommen zeigt sich, dass das gewaltige Massiv von einem Geflecht tiefer Fjorde und Wadis zerschnitten ist. Der Vergleich mit Norwegen drängt sich auf. Was freilich völlig fehlt, sind der Wald und die Wasserfälle. Als die Maschine zur Landung ansetzt, scheint es, als berührten die Tragflächen jeden Moment die Berge. So nah sind die Gipfel und so eng die Täler. Inmitten des grandiosen Chaos aus Geröllhalden, Schrunden und schroffen Felsflanken entdeckt man winzige, leuchtend grüne Flecken. Felder! Also doch – sogar in dieser Mondlandschaft leben Menschen.

Hauptort der Halbinsel ist die Küstenoase Khasab. Sie liegt auf dem Schotterfächer eines mächtigen Wadis und besitzt dank reicher Grundwasserreservoirs ausgedehnte Palmenhaine. Von Musandams insgesamt knapp 30 000 Einwohnern siedelt hier etwa die Hälfte. Den örtlichen Armeeflughafen dürfen Zivilmaschinen erst seit Anfang der neunziger Jahre des letzten Jahrhunderts anfliegen. Bis dahin war Musandam militärisches Sperrgebiet und für Touristen tabu. Denn allzu groß war die strategische Bedeutung der nahe gelegenen Straße von Hormus, durch die eine nicht enden wollende Kolonne von Tankern einen erklecklichen Teil des Öls für die USA, Europa und Japan transportiert.

Wenige Kilometer hinter Khasab führt eine kleine Straße in halsbrecherischen Spitzkehren dem über 2000 Meter hohen Djebel

1 Ausflug an Bord einer Dhau in den Khor Shimm. **2** An den felsigen Ufern Musandams überleben nur die widerstandskräftigsten Bäume.
3 Die an der Westküste der Halbinsel gelegene Festung von Bukha.
4 Nur für Schwindelfreie: die Straßen hinunter zum Fjord Khor Nadjd.

1 Die Küste nahe dem Fjord Khor Shimm. An ihren Steilufern steht nur eine Handvoll Fischerdörfer. **2** Moschee in Mina Khasab, dem Hafen der Hauptstadt von Musandam. **3** Die Berge der Halbinsel, wie hier der Djebel Harim, sind größtenteils nur über abenteuerliche Schotterpisten erreichbar. **4** Strahlendes Grün in felsig-brauner Umgebung: Pool des »Golden Tulip Resort« in Khasab.

Harim, Musandams prominentestem Gipfel, entgegen. Auch entlang dieser Strecke eröffnet sich ein tektonisches Wunderland und vom Scheitel der Passstraße ein Rundblick, für dessen Qualität die Angelsachsen das Attribut »breathtaking« verwenden. Auf der Rückfahrt empfiehlt sich ein Abstecher nach Birkat Khaldiya, einer natürlichen Parklandschaft, die im Licht der untergehenden Sonne der ostafrikanischen Savanne gleicht. Schirmakazien, hohes Gras, stellenweise ein grüner Teppich aus Kräutern. Am Ende des breiten Tals das Dorf Birkat Khaldiya. Zehn Häuser, rund 100 Einwohner. Elektrizität kam erst Anfang der neunziger Jahre. Der Dorfälteste führt Besucher bereitwillig zu seinem früheren Haus. Es ist aus massiven Steinblöcken geschichtet und mit zyklopischen Schieferplatten gedeckt. Zur Hälfte liegen die Häuser in der Erde, sodass ihr Inneres eine dunkle Höhle ist. Noch vor etwa 30 Jahren, sagt er, habe er hier gewohnt. In einer Ecke sind schemenhaft mehrere riesige Tongefäße zu erkennen. Sie dienten als Getreidelager. Um diesen Vorrat im Sommer, wenn die Bewohner in die Oasen zogen, vor Dieben zu schützen, versahen die Bewohner die Holztüren mit komplizierten Schlössern. Auf Arabisch heißen diese archaischen Behausungen denn auch *bait al qafl,* »Haus des Schlosses«.

Die heiße Tagesmitte verbringt man am besten an Bord einer alten Dhau. Deren Decks sind mit Teppichen ausgelegt, die hölzerne Reling zum Anlehnen mit Rückenpolstern versehen. Man kredenzt Zimttee und frische Früchte. Eine aufgespannte Persenning spendet Schatten. Das beliebteste Ziel heißt Khor Shimm und ist der mit 16 Kilometern längste Fjord der Halbinsel. Während man das Ufer entlangtuckert, offenbart jede Ecke einen neuen Traumstrand. Allein mit dem touristischen Potenzial dieses kurzen Küstenabschnitts bestreiten andere Länder komplette Werbekampagnen. Oman besitzt rund 1700 Kilometer fast ausnahmslos jungfräuliche Küste.

Inmitten des Khor Shimm erhebt sich ein kahles Eiland, die Telegrafeninsel. Als die Briten vor gut 120 Jahren ein Nachrichtenkabel von London nach Bombay legten, errichteten sie an dieser entle-

genen, aber neuralgischen Stelle eine Überwachungsstation. Die beiden Aufseher hielten freilich der Einsamkeit und dem Klima nur kurze Zeit stand. Es ist ihnen nicht zu verdenken. Rundherum ragen die nackten Felsklippen bis zu 1000 Meter senkrecht in den knallblauen Himmel. An den Steilufern kleben ein paar Nester, deren Bewohner den bleichgesichtigen Fremden seinerzeit vermutlich auch nicht überaus wohlgesonnen waren. Dazu kamen noch Piraten, die draußen im Golf die Handelsschiffe der Europäer überfielen und sich danach in dem Buchtenlabyrinth verbargen. Die Station wurde schon nach wenigen Jahren wieder aufgegeben. Nur ein paar Mauerfundamente zeugen noch von dem gescheiterten Versuch.

Vom Wasser aus erspäht man einige winzige Ufersiedlungen. Strom gibt es hier erst seit wenigen Jahren. Am Ende des verästelten Fjords, den keine Meeresströmung und auch nur selten eine Windbö erreicht, taucht aus dem spiegelglatten Wasser plötzlich der Kopf einer Schildkröte auf. Kurz danach überholt ein Schwarm fliegender Fische die Dhau. Und zum Finale spielen später, kurz bevor man wieder das offene Meer erreicht, mehrere Delfine mit dem Schiff zugleich Fangen und Verstecken.

Die Halbinsel Musandam

Anreise
Per Flugzeug: mehrmals wöchentlich mit Oman Air von Muscat nach Khasab (Leihwagen sind in Khasab verfügbar); per Auto: von Muscat über Sohar, das Emirat Fujairah/VAE – Grenzübergänge bei Khatmat bzw. Dibba – und Ras al Khaimah nach Khasab, knapp 600 km), von Dubai über Sharjah nach Khasab: ca. 180 km.

Attraktionen und Aktivitäten
Hafenort Khasab mit Festung; prähistorische Felszeichnungen in Tawi (10 km von Khasab entfernt); 4WD-Safari auf den gut 2000 m hohen Djebel Harim, unterwegs: Abstecher zum Dorf Birkat Khaldiya; Schnorcheln, Tauchen und Dhau-Fahrt zum Küstenort Kumzar und in den Khor (Fjord) Shimm, einem entlegenen, 16 km langen Meeresarm.

4

Übernachten
Golden Tulip Resort, Khasab, P.O.Box 434, Tel. 26730777, Fax 26730888, www.goldentulipkhasab,com, DZ ab 120 €. 2 km südlich der Stadteinfahrt gelegenes Viersternehaus in Strandlage mit Outdoor-Pool, eigenem Tauchzentrum, gutem Restaurant und »Al Tal«-Cafézelt, sehr kinderfreundlich.
Six Senses Zighy Bay, Zighy Bay, Musandam, Tel. 26735555, Fax 26735556, www.sixsenses.com, Villa ab 518 €. Höchst exklusives Resort der Marke Six Senses Hideaway, bestehend aus 82 terrassenförmig in mehreren Reihen angelegten Villen mit jeweils eigenem Pool, umgeben von schroffen Felsgipfeln mit eigenem Sandstrand in totaler Abgeschiedenheit; Ausstattung im rustikalen Stil luxuriösen Understatements mit landestypischen Materialien; kulinarische Highlights: Fischrestaurant, »Dining on the Sands« oder »on the Edge«, Barbecue am Strand; großer Swimmingpool, Fitnesscenter, Spa mit neun Behandlungsräumen und zwei Hammams; Kunsthandwerksgalerie, Schnellboot-Verleih u. v. m.
Khasab Hotel, Khasab, Bezirk Al Shaabiya, Tel. 26730267, Fax 26730989, www.khasabhotel.net, DZ ab 70 €. Nettes Mittelklassehaus am Stadtrand mit Pool sowie Komplex mit sechs Apartments, Restaurant mit multikulturellem Speisenangebot (fangfrischer Fisch, arabisch, indisch, kontinental-europäisch, japanisch, Texmex …).

1

2

3

4

Subtropisches Arabien

Dhofar – Omans Süden mit der Hauptstadt Salalah

Kokospalmen, endlose Sandstrände und im Sommer der Monsunregen machen den Küstenstreifen im Süden zu einer in der arabischen Welt einzigartigen Region. Archäologische Funde zeugen von der Bedeutung antiker Handelshäfen und Karawanenstationen.

Ganz anders als der übrige Oman ist seine Südprovinz Dhofar. Hier, 1000 Kilometer südlich von Muscat, folgt der Winter auf den Frühling. Sommer herrscht von März bis Mai. Und danach, wenn im Norden das Quecksilber bis auf unerträgliche 50 Grad steigt, bringt der Kharif, der Südwestmonsun, Abkühlung, breitet Wolken, Regen und Nebel über das Küstengebiet und verwandelt es in ein für die arabische Welt einmaliges Stück sattgrüner Tropen. Dann bringen die Djabalis, die Bergnomaden, aus dem wüsten Landesinneren ihre Kamele zu Tausenden in die Ebene rund um Dhofars Hauptstadt Salalah, auf dass sie sich in dem Schlaraffenland die Höcker vollfressen. Die von Hitze geplagten Golfaraber strömen in Charterflugzeugen herbei, um das klimatische Mirakel zu bestaunen. Und der antike Name der Region »Arabia felix« – glückliches Arabien, erhält zumindest für drei Monate eine neue, wenn auch von seinem ursprünglichen Sinn etwas abweichende Bedeutung.
Die Andersartigkeit zeigt sich schon bei der Fahrt vom Flughafen in die Stadt. Größtenteils Kokos- statt Dattelpalmen säumen die schnurgeraden Alleen. Allerorts liegen in kleinen Kiosken tropische Früchte – Mangos, Papayas, Bananen, Kokosnüsse – aus, die auch zu Saft gepresst angepriesen werden. Die Haut vieler Menschen ist dunkler als im nördlichen Landesteil. Und auch das Licht lässt alles noch eine Spur plastischer erscheinen.
»Es war ein kleines Städtchen, nicht viel größer als ein Dorf. Das herausragendste Gebäude war der Sultanspalast. Um ihn herum drängte sich der kleine Suq, eine Ansammlung von Lehmhäusern und -schuppen, Zäunen, schmalen Gässchen. Der Markt bestand nur aus einem Dutzend Läden, bot aber die beste Einkaufsmöglichkeit zwischen Sur und dem Hadramaut, also auf einer Strecke von über 1200 Kilometern.« Salalah ist zwar nicht wie andere Städte Arabiens explodiert, doch in den 50 Jahren, seitdem Wilfred Thesiger es so sah, hat es sich doch gehörig verändert. Um den locker bebauten Altstadtbereich mit seinen Feldern und Ödflächen ist

1 Das Fort der Küstensiedlung Mirbat. **2** Um das kostbare Harz Olibanum zu ernten, wird die Rinde des Weihrauchbaums geritzt. **3** Laisser-faire am Indischen Ozean bei Salalah. **4** Die Bucht von Mughsayl ist berühmt für die Blowholes, durch die bei Flut Fontänen hochschießen.

1 Blick vom 1800 Meter hohen Djebel Samhan über das Hinterland der ostdhofarischen Küste. **2** Bucht und Siedlung von Taqah. **3** Begegnung der archaischen Art unweit von Mirbat. **4** und **5** Östlich von Mirbat erhebt sich das Grab des bis heute sehr verehrten Scheich Bin Ali.

inzwischen ein Ring aus unansehnlichen Neubauten entstanden. Der alte, beim Palast gelegene Suq wurde abgerissen. Der zentrale Lebensmittelmarkt befindet sich nun auf einem Areal an der Straße des 23. Juli, jenem Tag, an dem vor nun bald 40 Jahren eine Gruppe bewaffneter Soldaten in den Palast von Salalah eindrang und Sultan Said zur Abdankung zwang.

Der Bummel durch diesen Neuen Suq erweist sich, seinem vielen schnöden Beton zum Trotz, als eine Wallfahrt der Sinne. Jeder Stand hält exotische Überraschungen bereit. Da stapeln sich diverse Sorten von getrocknetem, strenge Düfte verströmendem Haifisch, und Khashat, eine aus dem Fleisch der Kokosnuss, Zucker und Wasser zu grießigen Klumpen gepresste Leckerei. In kleine Säckchen verpackt, gibt es die mittlerweile sehr seltenen und deshalb sündhaft teuren Abalone-Schnecken; und in Gläser abgefüllt den legendären wilden Honig aus den omanischen Bergen, für den man pro Kilo bis zu 100 Rial (200 Euro) bezahlt. Dutzende Arten von Hirsen, Erbsen und Sesam werden feilgeboten, allerlei befremdliches Obst und Wurzelwerk, und auch jene Schafs- und Ziegen- und Kuhschmalze, die Frauen früher, um dem Schönheitsideal der Männer zu entsprechen, in rauen Mengen verzehrten, heute jedoch nur als aromatischen Zusatz den Speisen beimengen.

Nicht minder bunt ist das Panoptikum an Menschen. Den mit Abstand verwegensten Eindruck hinterlassen die alten Recken, die mit nacktem, sonnengegerbtem Oberkörper, wallendem Bart, Khandjar und Patronengurt um die Hüfte und Gewehr um die Schulter, selbst in friedlichen Zeiten wie diesen keinen Zweifel an ihrem Kampfesmut lassen. Sie bringen in Erinnerung, dass der Dhofar-Krieg, in dem die hiesigen Gebirgsstämme gemeinsam mit jemenitischen und palästinensischen Freischärlern, von der Sowjetunion mit Waffen versorgt, gegen die von England, aber auch von Jordanien und dem Iran unterstützte omanische Armee kämpften, erst 1976 endete.

Im sogenannten Alten oder Al-Hafah-Suq nahe dem Eingang zum Palastbezirk begegnet man endlich auch den berühmten Duftverkäuferinnen – dunkelhäutigen, rundlichen Damen in bunten Gewändern und mit Ringen in den flachen Nasen, die in Döschen, Schächtelchen und Flakons vielerlei wundersame Essenzen, Öle, Salben und Räucherwaren anbieten – und in Plastiksäckchen oder

4

5

Flechtkörben selbstverständlich auch das legendäre, heimische Räucherharz, den Weihrauch.

Boswellia sacra, wie der Weihrauchbaum in der Botanikersprache heißt, gilt seit der Antike geradezu als Synonym für Südarabien und bescherte der Region damals auch ihren Beinamen »Arabia felix« – glückliches Arabien. Um dieses fabelhafte Gewächs in natura zu sehen, muss man von Salalah, vorbei an Mina Raysut, dem modernen Hafen, und dem Traumstrand von Mughsayl Richtung jemenitischer Grenze fahren. Die Strecke ist hier gesäumt von den beeindruckend schroffen Gipfeln des Djebel Qamar. Die Küste stürzt stellenweise senkrecht ins Meer. Und auch die Serpentinenstraße, ein Jahrhundertbau, mit dem Sultan Qabus die entlegenen Dörfer zugleich befriedete und mit der Gegenwart verband, ist von kaum überbietbarer Kühnheit. An der Bucht von Mughsayl wartet ein kurioses Naturschauspiel: flache, vom Meer unterspülte Klippen, durch deren natürlich entstandene Löcher die Wellen bei Flut Wasser emporpressen, das wie Fontänen hochschießt. Das eigentliche Ziel der Spritztour findet sich erst landeinwärts, in den wüsten Nebentälern des Gebirges: jene knorrig, ja verkrüppelt wirkenden Bäume mit ausladenden Ästen, maximal drei Meter hoch und nur mit kümmerlichem Blattwuchs, aus deren Stämmen, wenn man sie gekonnt mit dem Messer ritzt, ein weißer Saft hervorquillt. Jener Saft, der nach zwei bis drei Wochen zu bernsteinartigen Klümpchen gerinnt und, in Rauch aufgelöst, den berühmten und seit Jahrtausenden viel begehrten, eigenwilligen Wohlgeruch verströmt.

Ein uralter Umschlagplatz für den Weihrauch ist der 35 Kilometer östlich von Salalah gelegene Hafen Taqah. Sein Fort, lange Zeit Residenz des Wali, des osmanischen Statthalters, wurde vor ungefähr 15 Jahren restauriert und öffentlich zugänglich gemacht. Es ist eine Miniaturausgabe der mächtigen Festungen Nordomans, freilich heimeliger, charmanter als diese und voll von Kunst- und Alltagsgegenständen – Porzellan aus China, Hinterglasmalereien und Spiegeln aus Indien, Schwertern, Truhen, Trinkgefäßen, vergilbten Bildern und Stichen. Im Hof sieht man einen Ziehbrunnen und über der Tür zum Wachzimmer eingemauert zwei Tierhörner – religiöse Relikte aus präislamischer Zeit.

Ein paar Autominuten außerhalb von Taqah liegt Samaramm, einst der östlichste Außenposten des alten Königreichs von Hadramaut, das seinerzeit auch Dhofar kontrollierte. Es wurde gegründet, als die Römer im 2. Jahrhundert n. Chr. endlich die navigatorischen Risiken des Roten Meeres meisterten und der Weihrauchexport nicht mehr nur mit Karawanen über Land, sondern auch auf dem

1

2

3

4

1 Prachtexemplar eines Weihrauchbaums alias *Boswellia sacra* am Djebel Qamar. **2** Laden für Duftstoffe im Suq Al Hafah in Salalah. **3** Lobby, … **4** … Pool und … **6** … Atrium des Crowne Plaza Resort in Salalah. **5** Auch im örtlichen Hilton finden Gäste Gelegenheit zur Abkühlung. **7** Strand vor dem Crowne Plaza.

Seeweg erfolgen konnte. Die Stadt war von einer zweieinhalb Meter dicken Mauer aus mächtigen Steinquadern umgeben. Sie barg ein dichtes Geflecht von mehrstöckigen Häusern. Ihre Ruinen, in denen amerikanische Archäologen Inschriften in einer zuvor unbekannten südsemitischen Sprache entdeckten, sind nur durch einen Drahtzaun geschützt. Vom höchsten Punkt des Ruinenhügels hat man einen schönen Blick auf die Lagune Khor Rori, den einstigen längst versandeten Hafen. An ihrem flachen, von Schilf überwucherten Ufer staksen Reiher und Flamingos. Darüber kreisen Möwen. Landeinwärts ist gut die markante Kalksteinwand am Ausgang des Wadi Darbat zu erkennen, die sich, so bekommt man von Einheimischen erzählt, nach heftigem Regen in einen mehrere Hundert Meter breiten Wasserfall verwandelt. Dahinter erhebt sich der gewaltige Felswall des Djebel Samhan. Seine Hänge sind im Winter und Frühling von verdorrtem Busch- und Baumwerk überzogen und schmutzig-braun. Doch der Monsun macht daraus zwischen Juni und September alljährlich einen kleinen arabischen Dschungel. Mirbat, der Endpunkt der Asphaltstraße Richtung Osten, genoss noch vor 300 Jahren eine gewisse Bedeutung als Ausfuhrhafen für Weihrauch. Im Stadtkern findet sich allerlei alte Bausubstanz, darunter stattliche mehrstöckige Wohnburgen aus Korallenkalkstein, wie es sie in der Form sonst nur im Jemen gibt. Viele sind freilich im Zustand fortgeschrittenen Verfalls – die Decken eingestürzt, die Wände zerfallen. In Mirbat tobte 1972 eine Entscheidungsschlacht zwischen den Rebellen der Volksfront und den Truppen des Sultans. Ein Stück westlich von Mirbat und abseits der Hauptstraße stößt man auf weiße Zwillingskuppeln. Sie wölben sich über dem Grabmal von Scheich Mohammed bin Ali Al Alawi. Der Stammbaum dieses vor gut 800 Jahren verstorbenen Heiligen reicht angeblich direkt bis zum Schwiegersohn des Propheten Mohammed zurück.

Vor dem Mausoleum erstreckt sich ein riesiges Gräberfeld. Tausende Gläubige haben ihre letzte Ruhe in der Nähe des Verehrten gesucht, wohl in der Hoffnung, selbst nach ihrem Tod noch von der heilsamen Energie, die der Heilige verströmt, zu profitieren.
Eine weitere Tour führt von Salalah zur Oase Shisr. In dieser wüsten Gegend, am Rand der Rub al Khali, des »Leeren Viertels«, vermuten Altertumsforscher seit Langem jene sagenhaft reiche Stadt, die im Koran als Iram und in den Erzählungen aus 1001 Nacht als Ubar erwähnt ist und seinerzeit, vom Zorn Gottes getroffen, in einer riesigen Höhle versunken sein soll. 1984 entdeckte man auf Infrarotfotos der Raumfähre »Challenger« ein Netz von alten, unter dem Sand verborgenen Karawanenwegen. Ihr Schnittpunkt lag nahe der Grenze zu Saudi-Arabien, an der letzten Wasserstelle auf dem Weg in die Große Wüste, dem heutigen Shisr. Als Archäologen nachforschten, stellten sie in der Tat fest, dass hier einst eine Stadt existierte. Der Fund unterstützt die Aussage des Korans und gleichlautender Erzählungen. Für Laien ist der Augenschein allerdings kaum aufschlussreich. Shisr ist ein typischer Ort dafür, nur da gewesen zu sein. Es gibt wenig zu sehen, aber viel zu mutmaßen. Wichtigster Orientierungspunkt ist die tatsächlich enorme Kaverne. Einen Beweis, dass der Ort dem antiken Ubar entspricht, liefert freilich auch sie nicht.

Der Süden des Oman – Dhofar

Anreise
Per Flugzeug: mehrmals täglich von Muscat, mehrmals wöchentlich von Dubai; mit dem Auto: 800 km von Muscat auf der Asphaltstraße durch die Wüste Jiddat al Harasis, Busfahrt von Ruwi/Capital Area: ca. 800 km.

Attraktionen
In Salalah: Altstadtviertel mit historischen Korallenkalkhäusern, Nationalmuseum im Cultural Center an der Robat Street mit archäologischer und volkskundlicher Abteilung, Kunsthandwerksläden im Commercial Center; Al Hafah- alias Alter Suq mit Weihrauchmarkt, nur von außen zu besichtigen: der angrenzende Sultanspalast (Al Hosn).

7

Entlang der Küste: ostwärts – Taqah mit Festung und Reste des antiken Weihrauchhafens Samaramm an der Lagune Khor Ruri; ein Stück landeinwärts, zur Monsunzeit: die Wasserfälle des Wadi Darbat; alter Kern des ehemaligen Weihrauchhafens Mirbat, etwas außerhalb: das Grabmal von Scheich bin Ali Al Alawi; westwärts – Strand und Lagune von Mughsayl mit »Brandungsfontänen« *(blowholes)*; Weihrauchbäume in den Seitentälern und an den Hängen des Djebel Qamar.
Im Hinterland: Quelle und Picknickplatz von Ain Razat (ca. 15 km nordöstlich von Salalah entfernt); die Reste der sagenumwobenen, in Bibel und Koran erwähnten Karawanenstadt Ubar in der Oase Shisr.

Übernachten
Crowne Plaza Resort Salalah, Al Khandaq Street, Tel. 23235333, Fax 23235137, www.crowneplaza.com/salalah, DZ ab 80 €. Das wenige Autominuten vom Stadtkern bzw. Flughafen entfernte, ehemalige Holiday Inn liegt direkt am weitläufigen, feinsandigen Meeresstrand. Große Poollandschaft, Health Club mit Fitnesscenter, Sauna und Dampfbad, Tennis-, Squash- und Golfplätze.
Hilton Salalah Resort, Raysut Road, P.O.Box 699, Tel. 23211234, Fax 23210084, www.salalah.hilton.com, DZ ab 100 €. Geschmackvolles Strandhotel mit schönem Pool, Tennisplätzen, Gym, sechs Restaurants und Bars.

Jemen

Dar Al-Ajal im Wadi Dhar, Nordjemen.

1

2

3

4

Die Perle Arabiens

Sanaa – Juwel jemenitischer Lehmarchitektur

Die Medina der Zwei-Millionen-Metropole gilt mit ihren Turmhäusern, Moscheen, Karawansereien als schönste Altstadt Arabiens. Ein Spaziergang durch ihre Basare und Wohngassen gleicht einer Reise ins Mittelalter und einer betörenden Wallfahrt der Sinne.

Sanaa, die »schön Gebaute«, wird ihrem Ruf als malerischste Metropole der Arabischen Halbinsel schon gerecht, wenn man das erste Mal ihrer ansichtig wird. Bereits vom Flugzeug aus, kurz vor der Landung, offenbart sie ihre einzigartigen Strukturen. Da liegt ihr historischer Kern unter einem hingebreitet wie eine aus Tausenden von Kristallen geformte Druse – eine dichte Masse von onyxbraunen Hauswürfeln, aus der, hell wie Quarz, Dutzende weiße Moscheekuppeln und -minarette ragen. Den würdigen Rahmen bilden beiderseits des steinigen Hochtals zerklüftete, stellenweise bis 3000 Meter hohe Berge. Schaut man genauer, sieht man, dass die Terrassen und Fassaden vieler Wohntürme mit weißen Konturen und Ornamenten verziert sind. Es ist *nurah,* jenes Gemisch aus Gips, gemahlenem Kalk und Alabasterpulver, dass die Gemäuer witterungsbeständig macht und ihnen zugleich eine so außerordentliche Anmut verleiht.

Aus der Vogelsperspektive kann man bei klarem Wetter auch die Grundzüge der Stadtgliederung gut erkennen: Al Kasr zum Beispiel, die alte Zitadelle, den zentralen Platz Midan at Tahrir und angrenzend den ehemaligen Palastbezirk Al Mutawakil. Man sieht die – leider nur noch wenigen verbliebenen – grünen Inseln der *maqshamah,* der Gemüsegärten, das Geviert der Großen Freitagsmoschee, und nicht weit davon das Bett des Stadtgrabens Saila, der während der beiden Regenzeiten im Frühjahr und Sommer zum Fluss wird. Vielleicht erahnt man sogar den zweiteiligen Grundriss des ursprünglichen urbanen Kerns – im Westen die Vorstadt mit den ehemaligen Vierteln der Türken und Juden, im Osten die Altstadt mit den Resten jenes Mauergürtels, der vor 30 Jahren noch die ganze Stadt umgab, mit Bab al Yemen und Bab al Shaub, den beiden letzten verbliebenen Stadttoren, und gleich dahinter den flachbebauten Bereich des Markts.

Die auf 2200 Metern Höhe gelegene Festungsanlage Sanaa wurde der Legende nach von Noahs Sohn Sem gegründet und hatte für

1 In Sanaas Suq al Milh werden zuhauf Krummdolche in bestickten Etuis feilgeboten. **2** Scheuer Blick in einer Altstadtgasse. **3** Manches Dekordetail hat seine Wurzeln in vorislamischer Zeit. **4** Das alte Herz der Hauptstadt zählt zu den kostbarsten urbanen Schätzen des Orients.

1 und **2** Markenzeichen der Wohnarchitektur sind die kunstvollen Ornamente aus Ziegeln und Gips. **3** Eines von Sanaas Dutzenden mehrhundertjährigen Minaretten. **4** Die bis zu zehn Stockwerke hohen Wohntürme mit ihren Mafradsch-Veranden und Dachterrassen. **5** Eine Nebengasse im zentralen Basar.

die Jemeniten von alters her eine zentrale Bedeutung. Einerseits prädestinierten Sanaas günstige geografische Lage und seine starken Schutzwälle es schon früh zum *mahram*, zum »geheiligten« und neutralen Ort, an dem sich die einander oft bis aufs Blut befehdenden Bauern und Krieger der Bergstämme unbewaffnet begegnen konnten. Noch heute ist es im Stadtgebiet verboten, Schusswaffen zu tragen, weshalb die Regierung an den Einfallstraßen Soldaten postiert hat, die Pistolen und Gewehre in Ge-wahrsam nehmen. Andererseits war Sanaa stets ein besonders begehrtes strategisches Ziel. Lag es doch an der Nahtstelle zwischen dem Herrschaftsbereich der Zaiditen, einer schiitischen Sekte, deren Imame in den Gebirgsdörfern des Nordens regierten, und dem weiter südlich gelegenen Territorium der osmanischen und späterhin ägyptischen Besatzer.

5

Obwohl wegen der häufigen Kämpfe und Brandschatzungen nur noch wenige Gebäude stehen, die älter als zwei-, dreihundert Jahre sind, herrscht in dem Gassenlabyrinth noch eine authentische mittelalterliche Atmosphäre. Unmittelbar hinter dem Bab al Yemen, an das die Polizei noch bis vor einer Generation zur Abschreckung gelegentlich abgehackte Diebeshände nagelte und in dessen Obergeschoss eine sehenswerte Galerie für Gegenwartskunst untergebracht ist, findet man spinnennetzverhangene Gewölbe, in denen taubblinde Kamele die schweren Mahlsteine von Sesammühlen drehen. Gleich nebenan wird lautstark um die leckersten Büschel des frisch gelieferten *qat* gestritten, jenem alkaloidhaltigen Strauch, an dessen Blättern sich im Jemen fast jeder Mann an jedem Nachmittag zu berauschen pflegt. Und im Apothekermarkt (gleich neben jenem für Gewürze) türmt sich zwischen hunderterlei anderen exotischen Substanzen der Weihrauch, dem das Land seit Urzeiten seinen mystifizierenden Beinamen verdankt. Die Händler des Silbermarkts hocken noch immer, Hamstern gleich, in ihren dunklen Buden, verbarrikadiert hinter Bergen von Krummdolchen, Gürteln, Ringen, Ketten und jenen Maria-Theresien-Talern, mit denen manch Schmuggler in der Grenzgegend im Norden bis heute die Kühlschränke, DVDs und Videorekorder aus Saudi-Arabien bezahlt. In den Gassen tummeln sich vereinzelt noch Schaf- und Ziegenherden. Und weil viele Geschäfte nach Arbeitsschluss unversperrt bleiben, sitzen hoch oben auf den Dächern der Läden des Nachts wie eh und je die *harasah,* die Wächter, und achten darauf, dass niemand jenes Gesetz verletzt, das das Betreten des Marktareals in der Zeit zwischen Abendgebet und Morgendämmerung verbietet.

Zu den Sehenswürdigkeiten, deren Besichtigung jeder Reiseführer dem Besucher Sanaas zu Recht ans Herz legt, gehören neben dem Basar das National- und das Militärmuseum. Ersteres ist im ehemaligen Palast von Imam Yahya, Jemens Herrscher in der ersten Hälfte des 20. Jahrhunderts, untergebracht und birgt neben historischen Foto- und Folkloreausstellungen kostbare vor- und frühislamische Funde (Highlights: die beiden antiken, lebensgroßen Bronzestatuen). Letzteres informiert, nur wenige Gehminuten entfernt am

1

2

3

4

Tahrir-Platz gelegen, anhand zahlreicher Fotos und Dokumente vor allem über Jemens Zeitgeschichte, insbesondere über die Aufstände und Bürgerkriege und die Wiedervereinigung.

Hauptattraktion der Altstadt Sanaas ist jedoch unbestritten die Bauweise ihrer Wohnhäuser. Bis zu neun Stockwerke, also rund 50 Meter hoch, sind sie fast durchweg aus Lehmziegeln erbaut und ganz auf Bedarf und Lebensgewohnheiten der Großfamilie angelegt. Über einem quadratischen Grundriss errichtet, folgen sie einer strengen vertikalen Ordnung: Das Eingangsgeschoss nehmen die Stallungen für die Nutztiere ein, darüber liegen Abstell- und Lageretagen und Räume für das Dienstpersonal, es folgen das Wohnzimmer der Familie, die »gute Stube« *(diwan)* und dann die Schlafräume. Den obersten Stock nimmt der *mafradsch* ein, eine Art Veranda, wo der Hausherr zu ruhen, die Aussicht zu genießen oder mit seinen Freunden Qat-Partys abzuhalten pflegt. Aus klimatischen Gründen, um den Sonneneinfall zu minimieren, stehen die einzelnen Gebäude normalerweise dicht beisammen. Um den Frauen die Besuche der Nachbarinnen zu erleichtern, aber auch, damit sich im Falle von Angriffen die Verteidiger einigermaßen frei bewegen können, sind nicht wenige in den oberen Etagen durch Brücken verbunden.

5

Interessant sind manche Details der Bautechnik. Bevor man nämlich einen solchen Wohnturm errichtete, wurde zunächst in dem steinigen Untergrund ein Fundamentschacht ausgehoben. Diesen legte man mit starken Ästen aus, die man, um Feuchtigkeit zu bin-

1–3 Impressionen aus dem Gassenlabyrinth: Hie und da schützen Segel die Passanten vor der Sonne. **4** Hinter dem Bab al Yemen beginnt der Basarbezirk Suq al Milh. **5** und **6** Ob Krummdolche oder Textilien – im Basar können Männer wie Frauen ihre Begehrlichkeiten erfüllen. **7** Sanaas Neustadt. **8** Einige Sesammühlen wie diese sind noch in Betrieb.

den und schädliche Insekten abzuhalten, mit Salz bestreute. Darauf folgte eine Schicht aus Kalk und Asche, die man feststampfte und als Fundament für die Steine der Grundmauern nutzte. Auf jene schließlich wurde Stockwerk um Stockwerk aus sonnengetrockneten Lehmziegeln errichtet, wobei nach jeder Etage eine mehrwöchige Pause eingelegt wurde, um das Mauerwerk trocknen zu lassen. Im Zentrum des Gebäudes verläuft vom Erdgeschoss bis zum Dach eine Holzstütze, um die herum sich die Haupttreppe windet.

Der Baubestand im historischen Kern ist von modernen architektonischen Eingriffen weitgehend unversehrt geblieben. Hinsichtlich des Gesamtzustands der Hauptstadt hingegen haben Nostalgiker sehr wohl Grund zum Klagen. Bereits nach dem endgültigen Sieg der Republikaner im letzten Bürgerkrieg (1970) hatte hier die alte Werteordnung und mit ihr die Bausubstanz rasant zu verfallen begonnen. Das altehrwürdige Sanaa wuchs sich damals im Nu zu einem modernen Verwaltungszentrum aus. Ihre Einwohnerschaft schnellte auf 500 000 hoch – das Zehnfache der Bevölkerung vor dem Krieg. In der Folge bauten sich viele Familien mit dem Geld,

1–5 Ob kleine Besen, Mandeln, Nüsse, Silberschmuck, Kupfer- und Messingwaren oder Krummdolche – das Sortiment im Suq al Milh ist nach wie vor so reichhaltig wie traditionell. **6** und **7** Dachveranda (*mafradsch*) und Zimmer im Burj al Salam, dem mit Abstand schicksten der neuen Altstadthotels.

das ihre Angehörigen als Gastarbeiter beim nördlichen Nachbarn und in den Golfstaaten verdienten, in der Neustadt reihenweise gesichtslose Häuser aus Beton. Seit dem Golfkrieg zur Befreiung Iraks (1991), als rund eine Million jemenitischer Arbeitsmigranten nach Hause geschickt wurden, weil sich ihre Regierung der US-geführten Militärkoalition verweigert hatte, platzt Sanaa aus allen Nähten. Seine mittlerweile zwei Millionen Bewohner leiden unter anderem an akutem Wassermangel. Die traditionellen Brunnen und mit ihnen das Gros der ehemals an die rund 50 innerstädtischen Gärten sind als Folge illegaler Tiefenbohrungen ausgetrocknet. Der Grundwasserspiegel sinkt pro Jahr um etliche Meter und liegt mancherorts schon mehr als einen Kilometer unter der Erdoberfläche. Aus der Altstadt freilich gibt es auch Hoffnungsvolles zu berichten: In letzter Zeit sind dort die Grundstückspreise nach langjährigem Verfall wieder gestiegen. Ein traditionelles Turmhaus gilt wieder als Prestigeobjekt, eine Party im Mafradsch auch beim jungen Mittel-

stand wieder als schicker Zeitvertreib. Vor allem aber helfen die gemeinsamen Bemühungen der UNESCO, der Regierung und diverser Entwicklungshilfeorganisationen, das Wohnen im Zentrum attraktiver und das Arbeiten lukrativer zu machen. So sind sämtliche Gassen und Plätze und auch der ehemalige Stadtgraben Saila auf seiner gesamten Länge gepflastert. Gleichzeitig wurde ein modernes Kanalisationsnetz installiert. Die Stadtmauer aus Lehm hat man mit einem Steinsockel verstärkt. In etlichen repräsentativen Hochhäusern wurden – zum Teil sehr komfortable – Touristenhotels eröffnet. Und von den insgesamt 28 verbliebenen *samsarah*, den historischen Zoll-, Lager- und Wirtschaftshäusern, wurden mit ausländischer Hilfe bereits etliche restauriert – besonders schön übrigens der Samsarah el Mansurija, der seither Ateliers für einheimische Künstler beherbergt, und der Samsarah an Nahas, ein Ausbildungszentrum für traditionelle Handwerksberufe. Kurz: Ein Bummel vom Bab al Yemen durch den Basar und die angrenzenden Wohnviertel ist nunmehr ein nicht nur sehr sicheres, sondern auch völlig stressfreies Vergnügen, bei dem man mit Muße all die prächtigen Gebäude begutachten, die kuriosen Werkstätten und Läden inspizieren und die herzlichen Willkommensgrüße der Passanten mit einem ehrlich empfundenen Lächeln erwidern kann.

Sanaa und seine Altstadt

An- und Weiterreise
Man erreicht Sanaa, je nachdem täglich oder mehrmals wöchentlich, aus dem deutschsprachigen Raum u. a. von Frankfurt, München, Zürich und Wien via Kairo, Dubai, Amman, Doha und Bahrain. Der Airport liegt 14 km nördlich des Stadtzentrums.

Attraktionen
Altstadt mit den Toren Bab al Yemen und Bab al Shaub sowie der Stadtmauer und dem Basar; Kunsthandwerkzentrum in der Karawanserei Samsarah an Nahas, Galerien in der Samsarah el Mansurija und im Bab al Yemen (Sa–Do 9–12.30 und 16–19 Uhr); Nationalmuseum mit vor- und frühislamischen Funden im ehemaligen Imam-Palast (Eingang: Ali Abdulmughni Street, Sa–Mi 9–12 und 15–17.30 Uhr); Militärmuseum am Tahrir-Platz mit Dokumenten zu zeitgeschichtlichen Themen, Waffen, Präsidentenkarossen, aber auch altarabischen Inschriften und Plastiken sowie islamischem Kunsthandwerk (Sa–Do 9–12 und 15–18 Uhr).

7

Übernachten
Taj Sheba, Ali Abdulmughni Street, P.O.Box 773200, Tel. 01-272372, Fax 274129, www.shebahotel.com; DZ ab 100 €. Luxuriöse Ruheoase unter indischer Führung, wenige Gehminuten von Tahrir-Platz und Altstadt entfernt, Garten mit Pool, tadelloses Restaurant, Businesscenter.
Burj al Salam, Altstadt, Bezirk Al Fleehy, P.O.Box 2898, Tel. 01-483333, Fax 483330, www.burjalsalam.com; DZ ab 99 €. Mit Abstand das Schickste der neuen Hotels in der Altstadt, elegant möbliert mit behaglichem Lobbybereich, Internetzugang, Lift, wunderschönem Panoramarestaurant mit Terrasse im 7. Stock.
Arabia Felix, Altstadt, As Sailah, P.O.Box 2977, Tel. 01-287300, Fax 287426, www.al-bab.com/arabiafelix, DZ ab 20 €. Authentisches Hotel in einem alten Wohnturm am ehemaligen Stadtgraben, eher schlicht möbliert (Zimmer nur teilweise mit Bad!), aber sehr sauber; charmantes, hilfsbereites Personal, begrünter Innenhof als Frühstücksraum und Restaurant; kleiner Wermutstropfen: der Verkehrslärm zur Straße hin.

1

2

3

4

Zeitreisen in die Vormoderne

Atemberaubende Ansichten aus der jemenitischen Provinz

Terrassierte Steilhänge, Dörfer wie Schwalbennester und ihnen zu Füßen fruchtbare Täler und mittelalterliche Städte: Der »grüne« Bergjemen, die Region um die Hauptstadt Sanaa, begeistert Besucher mit grandiosen Landschaften und archaischer Architektur.

Wie seine Hauptstadt, so ist auch der Jemen insgesamt ein ungemein faszinierendes Reiseziel. Freilich kann man von ihm auf zweierlei Weise sprechen: Man kann von seinen Landschaften schwärmen, von den gewaltigen Gipfeln, ihren mit enormer Anstrengung von Menschenhand bis in schwindelerregende Höhen terrassierten Flanken und den zerklüfteten Canyons zu ihren Füßen, von der grandiosen Öde der innerarabischen Wüste im Norden, dem »Leeren Viertel«, und der heißen Herrlichkeit der afrikanischen Savanne im küstennahen Süden; oder auch von den Städten, filigranen, märchenhaften Strukturen aus Lehm mit ihren labyrinthischen, verführerisch sinnlichen Märkten im Zentrum.

Man kann aber auch von seinen Unzulänglichkeiten erzählen: vom mühevollen Vorwärtskommen auf den mehrheitlich desolaten Straßen etwa und vom Mangel an zumutbaren Restaurants und Hotels in der Provinz, von der Allgegenwart unverrottbaren Mülls, der die Dörfer und Städte verunziert, und von den Widersprüchlichkeiten des jemenitischen Alltags; und auch von den Menschen, diesen ungezähmten Individualisten, die, mit einem Bein noch im Mittelalter, mit dem anderen schon im nächsten Jahrhundert stehend, ihren Mangel an Gleichmut und Ordnungssinn durch einen Überfluss an Gastfreundschaft und eigenwilligem Charme mehr als wettmachen. So verleidet man den Jemen zwar jenen Urlaubern, die sich nur auf komfortable Rundfahrten von der Stange einlassen wollen, aber man wird dem inneren, zerrissenen Wesen des Landes eher gerecht. Und spannender ist eine Reise mit Widerhaken allemal.

Die Widersprüche also: Um sie zu verstehen, müssen wir kurz in die Vergangenheit rückblenden – zunächst um etwa 2500 Jahre, ins Altertum. Schon damals hatte die Region, der die Römer wegen ihrer vergleichsweise hohen Regenmengen und Fruchtbarkeit, aber auch wegen des Weihrauchs, den sie von hier bezogen, den Beinamen »Arabia felix« gaben, einige große Reiche hervorgebracht. Sie

1 Stolzer Vater mit Sohn in Manakha. **2** Fenster aus Gips und farbigem Glas im Felsenpalast, Wadi Dhar. **3** Marktgängerinnen beim Plausch in Thula. **4** Das von pittoresken Sandsteinformationen umrahmte Wadi Dhar. Links im Vordergrund der berühmte Imam-Palast.

1 und **4** Das uralte Bergdorf Haddschara signalisiert schon aus der Ferne unmissverständlich seine Wehrhaftigkeit. **2** In einem Dorf in den Haraz-Bergen holen Frauen von einer Zisterne Wasser. **3** Straße ins Wadi al Naam.

hießen Main, Qataban, später Himyar und Ausan. Das der Nachwelt bekannteste war das der Sabäer, das sich auf den Handel mit Weihrauch, Zimt und Myrrhe stützte und berühmt war für seine Kenntnisse in der künstlichen Bewässerung des Landes. Bezüge auf seine Regentin Bilqis, die legendäre Königin von Saba, finden sich sowohl im Koran als auch im Alten und Neuen Testament.

Auch in frühislamischer Zeit – Jemeniten sollen sich unter den ersten Gefolgsleuten des Propheten Muhammad befunden haben – entstehen mehrere große Reiche. 897 errichtet der aus Medina stammende Yahya ibn al Hussein, ein *Sayyid,* ein Prophetennachkomme, im gebirgigen Norden des Landes das erste zaiditische Imamat. In der Folge zersplittert das Land immer wieder in kleinere Scheichtümer, Sultanate und Imamate. Zeitweise wird es jedoch auch von durchsetzungskräftigen Dynastien geeint. Zu deren namhaftesten zählen die Sulaihiden und die Rasuliden. Zweimal, im 16./17. und nochmals im späten 19. Jahrhundert (bis 1918), halten osmanische Truppen Teile des Nordens besetzt, während die strategisch bedeutsame Hafenstadt Aden bereits ab 1839 und bis 1963 unter der Kontrolle der Briten steht.

Die zaiditischen Imame, erzkonservative Theologen, trachten seit jeher ihren Einfluss zu sichern, weshalb sie sich hauptsächlich um die Anhäufung von Schätzen bemühen und darum, ihre Untertanen von der übrigen Welt und deren gefährlich fortschrittlichen Ideen zu isolieren. Ihre Methode, von ihren Bergdörfern und Wüstenburgen aus osmanische oder ägyptische Eindringlinge, aber auch Rivalen aus dem eigenen Land zu bekämpfen, hat bis 1962 Erfolg. Dann jedoch bricht zwischen den von Ägypten unterstützten Republikanern und den mit England und Saudi-Arabien verbündeten Royalisten der Bürgerkrieg aus. Der Jemen zerfällt in zwei Staaten: den kommunistisch geführten Süden und den auf dem Papier republikanischen Norden, in dem freilich die Zentralregierung in Sanaa mit den nach Autonomie strebenden Stämmen

4

an der Peripherie im Dauerkonflikt liegt. Erst 1990 schließen sich – beinahe zeitgleich mit der Wiedervereinigung Deutschlands – die beiden Jemen zu dem bis heute bestehenden, einheitlichen Nationalstaat zusammen.

»Die modernen Dinge, die der Kapitalismus im Jemen eingeführt hat, haben die Jemeniten nicht nur physisch lächerlich, sondern auch unglücklich gemacht.« Pier Paolo Pasolini, der, dem Faszinosum Südarabiens erlegen, hier mehrere Filme drehte und von Sanaa als einem »Venedig im Sand« zu schwärmen pflegte, mag mit dieser dichterisch verknappten Feststellung (zu finden in »Genariello«, seinem letzten großen Buch) übertrieben haben. Ganz falsch lag er mit ihr in den frühen Siebzigern nicht. Seit jener Zeit, also schon seit fast 40 Jahren, ergießt sich nun der Schwall westlicher Gebrauchsgüter über das Land an der Meerenge Bab el Mandeb, dem »Tor der Tränen«. Die Amerikaner und Europäer, Japaner und Saudis, die mit verteilten Rollen die Schleusenmeister spielen, haben es mit Autos und Textilien, Radios und Waffen überflutet. Auch industrielle Großprojekte haben sie dem Jemen beschert: Seit 1984 werden bei Marib, und seit Mitte der neunziger Jahre auch weiter östlich, bei Masilah, Schabwah und Jannah, beträchtliche Mengen an Erdöl gefördert. Die Pipeline nach Mukalla am Roten Meer und eine Großraffinerie sowie eine Gasverflüssigungsanlage bei Aden sind in Betrieb. Und bei Marib, der einstigen Hauptstadt der Sabäer, an deren Blüte die Reste mehrerer Tempel und des berühmten Staudamms aus der Antike erinnern, hat der Scheich von Abu Dhabi in den Achtzigern, um Wüstenfläche agrarisch nutzbar zu machen, einen neuen, riesigen Damm errichten lassen.

Die Moderne westlichen Zuschnitts stößt in diesem immer schon schwierig zu befriedenden Land allerdings auf diverse Widerstände: Zum einen ist da der unbändige Freiheitsdrang seiner Bewohner, zum anderen ihre Gewohnheit, Qat, die zarten, alkaloidhaltigen Blätter des Strauchs *Catha edulis,* zu kauen und sich solcherart tagtäglich ab den Mittagsstunden im Kollektiv zu betäuben, was, wenig verwunderlich, den wirtschaftlichen Fortschritt nachhaltig hemmt. Und dann sind da noch die beiden natürlichen Verbün-

1 und **6** Ein historischer Wachturm und Dar al Hajar, der berühmte ehemalige Sommerpalast des Imam Yahyah, im Wadi Dhar. **2** Ein Dorfweiler im Wadi al Naam im Haraz-Gebirge. **3** Improvisiertes Fußballspiel vor den Mauern von Thula. **4** Große Moschee … **5** … und massive aus Felsquadern gemauerte Wohngebäude in Thula.

deten der Jemeniten in ihrem Abwehrkampf gegen das Eindringen aufklärerischen Gedankenguts, nämlich die Berge und das Klima. Erstere signalisieren dem Fremden unmissverständlich schroff die Unzugänglichkeit der Lebenswelten ihrer Bewohner. Bis heute haben erst drei Asphaltstraßen den 500 Kilometer langen, bis über 3700 Meter hohen Hauptgebirgszug bezwungen – und das auf oft schwindelerregenden Umwegen. Letzteres nimmt den Menschen außerhalb der zwei Regenzeiten, der kleinen im April und der großen im August, für mindestens acht Monate mit arger Hitze in die Zange – mit ausdörrenden Wüstenwinden in den Wadis des Landesinneren und schweißtreibender Schwüle an der Küste.

Die Küstenebene entlang dem Roten Meer, die Tihama, erstreckt sich, zwischen 30 und 60 Kilometer breit, bis hinauf nach Saudi-Arabien. Ihr Boden ist sandig, ihre Vegetation direkt an der Uferlinie von Mangroven, im dünigen Hinterland von spärlichem Gras, Unterholz sowie mancherorts von Akazien und Palmen geprägt.

Die dunkelhäutigen Menschen und ihre Rundhütten-Dörfer muten bereits afrikanisch an. Modernes Zentrum der Region ist der Hafen Hodeida, kunsthistorisch am interessantesten die alte, ein Stück landeinwärts gelegene, von der UNESCO zum Weltkulturerbe geadelte Gelehrtenstadt Zabid. Einen Abstecher wert ist auch der Ort Mocha, der in früheren Jahrhunderten, als die Welt bevorzugt

6

Kaffee aus dem Jemen trank, als Exporthafen für die stimulierenden Bohnen boomte. An der ebenfalls schwülheißen Küste am Golf von Aden und entlang dem Arabischen Meer breiten sich, soweit sie nicht mit steilen Felsen abrupt ins Meer abbricht, zum Teil Lavafelder mit aufgesetzten Vulkankegeln aus. Urbanes Zentrum und als Stützpunkt für den Handel zwischen Europa und Asien seit alters von weltpolitisch strategischer Bedeutung ist Aden, wichtigster Hafen im Osten die »weiße Stadt« Mukalla.

Bei Temperaturen bis 47 Grad in der Ebene und einer Luftfeuchtigkeit bis 80 Prozent in Küstennähe bleibt oft nur die Flucht ins Hochland. Dieser sogenannte grüne Bergjemen profitiert von den steten Winden, wie dem Sommermonsun, die vom nahen Meer Feuchtigkeit landeinwärts tragen und häufige, ergiebige Regenfälle verursachen. Die Folgen sind eine intensive agrarische Nutzung des Landes bis weit hinauf in die steilen Bergflanken und eine relativ dichte Besiedelung. Städtische Zentren sind Ibb und Taizz. Ersteres besticht durch seine Lage in 1850 Metern Höhe am Fuße des spektakuläre Gebirgsszenerien eröffnenden Sumarah-Passes. Zweiteres, im 11. Jahrhundert gegründet und des Öfteren, zuletzt von 1948 bis 1962, Hauptstadt des Landes, wartet mit architektonischen Schätzen wie dem alten Imam-Palast, der Mutabiya- und der Ashrafiya-Moschee auf. Urbanes Zentrum der Nordprovinz und seit Urzeiten ein Ort von großer religiöser Bedeutung ist, unweit der Grenze zu Saudi-Arabien, Saada. Seine aus Lehm erbaute und bis heute komplett ummauerte Altstadt ist ein städtebauliches Juwel, aus politischen Gründen seit mehreren Jahren jedoch für Touristen nicht zu besichtigen.

1 Freitagnachmittag auf einem Aussichtsplatz oberhalb des Wadi Dhar. **2** und **4** Tanztraining für das nächste Hochzeitsfest. **3** und **5** Beim Mittagessen im Restaurant »Hamedda Tourism« in Schibam wird kräftig zugelangt.

Unter den kleineren Siedlungen sind wegen ihrer malerischen, ja spektakulären Gebirgslage und ihrer von der Moderne kaum beeinträchtigten Bausubstanz Dschibbla, Rada und Qataban zu nennen sowie weiter nördlich Manakha, Haddschara, Haddscha und Amran. Besonders beeindruckend ist die Fahrt hinauf zu der auf 2500 Metern gelegenen Felsenfestung Schahara, ein Wehrdorf, das einst den zaiditischen Imamen als Ort der Zuflucht vor den türkischen und später ägyptischen Angreifern diente und nur über einen haarsträubend steilen Serpentinenweg erreichbar ist. Zuvor im Tal hat man mit bewaffneten Halbwüchsigen über den Preis für das Privileg zu debattieren, auf der Ladefläche zerbeulter Allradgefährte mit hinaufgenommen zu werden. Der Lohn für das enervierende Gefeilsche und die schwindelerregende Fahrt ist freilich entsprechend: ein Panorama über eine Landschaft von surrealer Schönheit – Berge mit bis in die höchsten Höhen terrassierten und bebauten Flanken und Gipfelgraten, an denen Weiler wie Schwalbennester kleben.

Auch in unmittelbarer Nähe von Sanaa lockt eine Reihe interessanter Städte und Sehenswürdigkeiten. Einer der beliebtesten (Halb-) Tagesausflüge führt ins Wadi Dhar, zum Sommerpalast des Imam Yahya. Bei ihm handelt es sich um einen fünfstöckigen, wunderschön mit Gipsornamenten verzierten Palastkomplex, der noch

dazu ungemein fotogen auf einem steilen, 60 Meter hohen Felsen thront und so zur Ikone jemenitischer Turmarchitektur wurde, die viele Postkarten und Buchumschläge ziert. Häufig angesteuert wird auch die ehemalige Sommerresidenz der Imame in Rawdah. Ihre Besichtigung wird für gewöhnlich mit einem Spaziergang durch die angrenzenden Gärten kombiniert, auf dem man unter anderem ein altes türkisches Bad inspizieren kann. Als schönste Kleinstadt in der Umgebung der Metropole Sanaa empfinden viele Besucher Thula. Der Grund? Der 4000-Einwohner-Ort besitzt noch seine vollständig erhaltene Wehrmauer und dahinter, von deren vier massiven Holztoren geschützt, ein Ensemble prachtvoller, bis zu fünf Stockwerke hoher Steinhäuser mit kunstvoll dekorierten Wänden, Türen und Fensterumrahmungen. Zehn Kilometer südlich von Thula liegt, an eine steile Felswand geschmiegt, das ebenfalls sehr pittoreske Dorf Schibam. Von seinem oberen Rand führt ein gewundener Pfad hinauf in den Festungsort Kaukaban. Die etwa einstündige Wanderung auf das 400 Meter hohe Bergplateau oder, bequemer, in die Gegenrichtung hinab ins Tal, ist bei Ausflüglern aus Sanaa sehr beliebt, eröffnet sie doch fantastische Aussichten auf Schibam und die umliegenden Gärten und Qatplantagen.

Der Bergjemen und das Umland von Sanaa

Attraktionen

Im Nahbereich von Sanaa: Imam Yahyas Felsenpalast Dar al Hajar im 15 km nordwestlich gelegenen Wadi Dhar; ganz in der Nähe: die ehemalige Sommerresidenz der Imame samt zugehöriger Gärten und der Achmed-ibn-al-Qasim-Moschee in Rawdah; der alte, knapp 50 km von Sanaa entfernte Ort Schibam (nicht zu verwechseln mit der gleichnamigen Lehmstadt im Wadi Hadramaut!), von dort etwa eineinhalbstündige Wanderung über 400 Höhenmeter hinauf nach Kaukaban; Thula (10 km nördlich von Schibam) mit seinen Steinhochhäusern und komplett intakten Wehranlagen.
Im übrigen Bergjemen: Landschaftlich spektakuläre Fahrt von Saana südwärts über Dhamar und den Sumarah-Pass nach Ibb, von dort: Ausflug nach Jibla; die langjährige Hauptstadt Taizz mit Imam-Palast, Ashrafiya-, Mutabiya-, Mudafar-Moschee und malerischen Suqs (Ausflugsfahrt auf den Aussichtsberg Djebel Sabir!); der alte Händlerort Manakha inmitten grüner Bergterrassen im Haraz-Gebirge, an der Passstraße von Sanaa nach Hodeida (84 km von Sanaa) und 4 km oberhalb das Bergdorf Haddschara; die Bergdörfer Haddscha und

5

Schahara, beide erreichbar über Amran an der Fernstraße Sanaa–Saada.
In der Küstenebene Tihama: die im frühen 9. Jahrhundert gegründete Gelehrten- und UNESCO-Weltkulturerbestadt Zabid; 37 km weiter südlich der Freitagsmarkt in Bayt al Faqih; der einst für den Export jemenitischen Kaffees weltberühmte, mittlerweile desolate Hafen Mocha; für Taucher: nördlich der modernen Hafenstadt Hodeida die Insel Kamaran (www.kamaran.net).
Am Wüstenrand, östlich von Sanaa: Hauptstadt des ehemaligen sabäischen Königreichs Marib mit antikem Mondtempel und Resten des alten Damms; antike Ruinen von Timna.

Übernachten

In Taizz: *Sofitel,* Al Domaleh Mountain Al Hoban, Tel. 04-200311, www.accorhotels.com, DZ ab 65 €. Sehr komfortable Bleibe in ruhiger Hügellage in 1700 m Höhe, abseits des quirligen Stadtzentrums, herrliche Aussicht von Zimmer aus, tadelloser Service und Restaurantbetrieb, Pool und gut bestückter Fitnessbereich.
In Ibb: *Taj Ibb,* Badan Street (am Stadtrand), Tel. 04-455455, Fax 456333, tajibbhotel@y.nte.ye, DZ ab 25 €. Nettes, sauberes Mittelklassehaus in fantastischer Lage.
In Zabid: *Zabid Tourist Resthouse,* vis-à-vis Al-Qasr-Festung, Tel. 03-341270, Fax 340920, DZ ab 17 €. Schlichte, aber authentisch gestaltete Bleibe mit gutem Café-Restaurant.

1

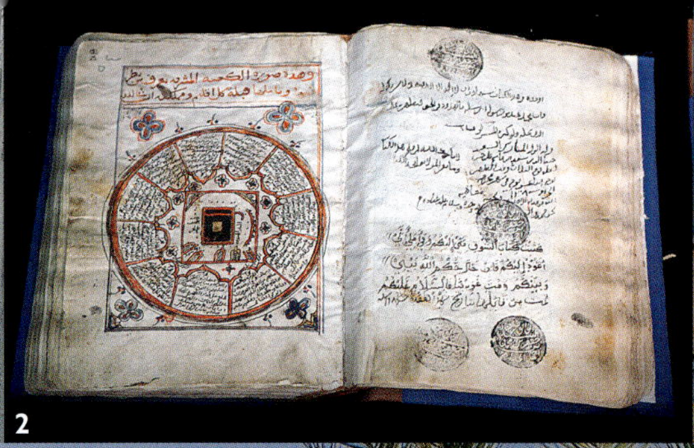
2

3

4

In Jemens fernem Südosten

Wadi Hadramaut – ein Canyon mit großer Geschichte

Hochhäuser aus Lehm und sattgrüne Oasen zwischen Hunderte Meter hohen Felswänden – das entlegene, knapp 200 Kilometer lange Wüstental zählt zweifellos zu den grandiosesten Landschaften der Arabischen Halbinsel.

Es gehört zu den Bilderbuchlandschaften Arabiens und dient europäischen Reisenden seit dem späten 19. Jahrhundert als ideale Projektionsfläche für ihre Sehnsüchte nach einem möglichst exotischen Orient. Mit seinem Namen werden Bilder aus vormoderner, ja nachgerade mythischer Zeit assoziiert, und er findet sich sowohl in der Bibel als auch im Koran und den Hadithen, den überlieferten Aussprüchen des Propheten Mohammed. Die Rede ist vom Wadi Hadramaut, jenem legendären Trockental, das sich im südöstlichen Jemen, auf halbem Weg zwischen dem Golf von Aden und der Rub-al-Khali-Wüste, in West-Ost-Richtung erstreckt und von dem der holländische Diplomat und Islam-Gelehrte Daniel van der Meulen vor zwei Generationen schwärmte, es sei »der malerischste und wahrscheinlich bemerkenswerteste Teil der ganzen arabischen Halbinsel«.

Dieses Wadi, dessen Bezeichnung sich auf manch alten Landkarten – fälschlicherweise – für den gesamten Südjemen östlich von Aden findet, stellt allein durch seine eigenwillige Geografie eine weitgehend geschlossene Welt für sich dar. Knapp 200 Kilometer lang und durchschnittlich 10 Kilometer breit, ist es beiderseits von senkrechten, streckenweise Hunderte Meter hohen Felswänden gesäumt und durch Wüste oder eine unwegsame Hochebene vom übrigen Südarabien getrennt. Eigenwilligkeit lässt sich auch den rund 500 000 Bewohnern nicht absprechen: Die Hadramis pflegen als sunnitische Muslime, nicht nur was die gesellschaftliche Rolle der Frau betrifft, einen rigiden Konservatismus. Ihre Eliten fühlen sich durch Blutsbande mit der Prophetenfamilie verbunden und dementsprechend kompromisslos dem orthodoxen Geisteserbe verpflichtet. Sie gelten als besonders fromm und zudem, gelinde gesagt, als nicht eben konfliktscheu. Berühmt-berüchtigt und bis heute tief in ihrem kollektiven Gedächtnis verankert ist die Fehde zwischen den Clans der Kathiri und Qaiti, die die Bevölkerung vom 16. bis weit ins 20. Jahrhundert hinein politisch spaltete. Lange Zeit existierten im Hadramaut zwei Sultanate, deren Herrscher einan-

1 Ein Antiquitätenhändler im Alten Suq von Sayun. **2** Ein historisches Buch der Al-Ahqaf-Bibliothek in Tarim. **3** Drei Geschwister vor ihrem Elternhaus in Tarim. **4** Hadscharein, der Hauptort des Wadi Doan.

1 Reste alter Wehranlagen unweit von Khaliah. **2** und **3** Bei der Feldarbeit und beim Ziegenhüten schützen sich die Bäuerinnen des Hadramaut mit Strohhüten gegen die Sonne. **4** Wasserholen beim Dorfbrunnen in Sif. **5** und **6** Farbiges Glasfenster und Wanddekor in einem der Paläste des Al-Kaf-Clan in Tarim.

der blutig bekämpften. Scharmützel, Gefechte, ja regelrechte Feldzüge zwischen den Stämmen gehörten bis zur Revolution von 1967, die in die Gründung der Sozialistischen Volksrepublik des Südjemen mündete, zum Alltag. In der Ortschaft Al Hazm, östlich von Schibam, zeugen noch heute zwei Zollgebäude vom einstigen Grenzverlauf.

Der Boden des Wadi ist fruchtbar. Dank reichlichem Grundwasser gedeihen Getreide, Gemüse, Luzerne, Henna, Tabak. Große Flächen sind von dichten Palmenhainen bedeckt. Die Datteln der Region zählen zu den besten ihrer Art in ganz Arabien. An vielen Stellen ist das Gelände so eben, dass problemlos Flugzeuge auf ihm landen könnten. An den Talrändern schmiegen sich Siedlungen wie Nester an steile Felsklippen. Den vielgeschossigen, oft aufwendig dekorierten Häusern aus Lehm sieht man ihre Wehrhaftigkeit schon von fern an. Ihre leicht erhöhte Lage bietet Schutz nicht bloß vor Angreifern, sondern auch vor den seltenen, aber umso zerstörerischen, durch heftige Regengüsse ausgelösten Springfluten.

Unterwegs begegnet man häufig Bäuerinnen in der Regionaltracht. Vollständig in schwarzes Tuch gehüllt und mit dem *madhalla,* dem hohen konischen, gegen die pralle Sonne schützenden Strohhut, arbeiten sie auf den Feldern oder befördern auf großrädrigen Eselskarren die Ernte zum nächsten Markt. Hie und da sieht man entlang der Hauptstraße sogenannte *walli,* weiß getünchte Heiligengräber, aber auch *sikaia,* Brunnenhäuser, die reiche Hadramis einst zur Labung der Reisenden errichten ließen. Und bisweilen stehen Reihen bunter Holzkisten in der offenen Landschaft: Die Imkerei hat im Hadramaut eine lange Tradition. Der örtliche Honig genießt, gleich, ob aus den Blüten von Akazien, Euphorbien oder Christusdorn gewonnen, als Heilsubstanz, aber auch als süßes Souvenir weit über Jemens Grenzen hinaus einen hervorragenden Ruf und erzielt in den Suqs astronomische Preise.

Die Annäherung an diese aus westlicher Sicht aufregend fremde Welt ist auf jedem Weg beeindruckend: Auf dem Luftweg, von der

4

5

6

Hauptstadt Sanaa kommend, überfliegt man das schier endlose Sandmeer des »Leeren Viertels«, sieht unter sich sowohl die Reste der antiken Hauptstadt Shabwa als auch die Camps der Öl- und Gasförderfirmen und schließlich beim Landeanflug den breiten Canyon des Hadramaut mit seinen sattgrünen Oasen, den schmucken Weilern und der Dachlandschaft der Wolkenkratzerstadt Schibam (vgl. S. 139 ff.). Die Anreise über Land führt, von Sanaa kommend, Hunderte Kilometer durch die innerarabische Wüste über Marib, wo dereinst die sagenumwobene Königin von Saba residierte. Die Anfahrt vom Süden her, von der Meeresküste, erfolgt zunächst auf einem gewunden-steilen, später flachem Asphaltband über das vegetationslose, von nichts als Schutt und Schotter bedeckte Kalkplateau namens Dschol, das schließlich abrupt zum hadramautischen Canyon abbricht. Diese isolierte Lage des Wadi Hadramaut vor Augen, verwundert es nicht, dass das Tal für das Abendland die längste Zeit Terra incognita blieb. Zwar hatte Carsten Niebuhr, seines Zeichens Landvermesser von der Niederelbe, im Zuge einer ersten wissenschaftlichen Expedition schon in den sechziger Jahren des 18. Jahrhunderts auch den nördlichen Jemen bereist. Doch den Hadramaut betrat als erster Europäer der Berliner Orientalist und Archäologe Leo Hirsch erst 1893. Ihm folgte im selben Jahr das britische Ehepaar Theodore und Mabel Bent, das sowohl die frühesten Fotografien aus dieser weltvergessenen Gegend mitbrachte als auch das erste Buch über sie verfasste. Geradezu eine Flut von Forschern ergoss sich über das Tal in den 1930er Jahren: In dieser Zeit bereisten es unter anderem der bereits erwähnte Daniel van der Meulen mit seinem Freund, dem deutschen Kartografen Hermann von Wissmann, dessen Landsmann Hans Helfritz (Musikethnologe und Autor eines hoch geschätzten Buchs über seine »Entdeckungsreisen in Süd-Arabien«), die Briten Harold Ingrams und Harry John Philby sowie Freya Stark, deren Expeditionsbericht »Die Südtore Arabiens« bis heute Bestsellerstatus genießt.

So abgeschlossen die Hadramis in ihrem Wadi auch lebten, pflegten sie seit alters doch rege Kontakte. In der Antike schleppten Kamelkarawanen aus dem Dhofar, dem heutigen Südoman, tonnenweise Weihrauch, der dort und am Horn von Afrika gedieh, durch ihr Tal Richtung Hedschas und Mittelmeer. Zoll und Frachtge-

1–3 und **5** Buntes Treiben im Alten Suq von Sayun. **4** Der Sultanspalast thront alles beherrschend über dem Zentrum Sayuns. **6** Ein Minarett und Wohnhäuser aus Lehm in den Altstadtgassen. **7** Im Palastmuseum werden auch traditionelle Haushaltsgeräte präsentiert.

schäft mit dem kostbaren Harz bescherten den Anrainern veritablen Wohlstand. In der Neuzeit zogen die Einheimischen selbst in die Ferne. Hunderttausende suchten, vorwiegend als Händler, ihr Glück in Ostafrika, Indien und vor allem in Südostasien. Namentlich in Malaysia und Singapur, auf Java und anderen Inseln des indonesischen Archipels wurden die tüchtigen Händler aus dem Hadramaut rasch reich, gründeten Zweitfamilien – und kehrten im Alter, mitsamt ihrem Geld, in die Heimat zurück. Das Ergebnis der regen, über Generationen hinweg sich in Wellen vollziehenden Wanderbewegungen: Noch heute begegnet man im Hadramaut nicht selten Einheimischen mit fernöstlichen Gesichtszügen. Statt Hosen tragen viele Hadramis nach indonesischem Vorbild Futas, bequeme Wickelröcke aus Baumwolle. Und auch in der Architektur, bei Wohnhäusern wie Moscheen sind die südostasiatischen Stilein-

6

7

flüsse nicht zu übersehen. Ihr großes kaufmännisches Geschick bewiesen die Hadramis übrigens auch in den jüngsten Jahrzehnten. Viele jener Händlerfamilien, die sich seit Beginn des Ölbooms in Saudi-Arabien und den Golfstaaten Milliarden-Dollar-Imperien schufen, Clans wie die Al Amoudi, Baghlaf, Bugshan und, ja, auch die Bin Laden, stammen ursprünglich aus dem geschichtsträchtigen südjemenitischen Tal.

Politisches und wirtschaftliches Zentrum der heutigen Provinz Hadramaut, die auch den Dschol sowie den Küstenstreifen mit den Häfen Schihr und Mukalla umfasst, ist Sayun. Hier sitzen die regionalen Behörden. Hier befindet sich der einzige Flughafen. Im Kern dieser mit 30 000 Einwohnern größten Stadt des Wadi haben sich erfreulich viele der »fast 2000 älteren Häuser und rund fünfzig Moscheen«, die Hans Helfritz in den dreißiger Jahren bestaunte, erhalten. Auch einige traditionelle Handwerker, Tischler, Töpfer und Korbmacher zum Beispiel, betreiben noch Werkstätten. Hauptanziehungspunkt aber ist zweifellos der Sultanspalast. Das mächtige, von vier Rundtürmen flankierte Gebäude, angeblich das größte aus Lehm in der arabischen Welt, thront auf einem Hügel mitten im Zentrum über dem Markt und der angrenzenden Altstadt. Es wurde in seiner heutigen Monumentalität in den 1860er Jahren, dank der Gewinne aus dem einst blühenden Südostasien-Handel, errichtet und 2002 von Grund auf restauriert. An dieser Stelle residierten an die 500 Jahre lang, bis 1967, als die Briten endgültig aus Aden abzogen und die Kommunisten die Macht übernahmen, die Sultane aus der Familie der Kathiri. Seit den 1980er Jahren birgt der Kolossalbau ein Museum – im Erdgeschoss vorwiegend archäologische Funde, darunter präislamische aus der Grabung von Raybun; in den Stockwerken darüber eine volkskundliche Sammlung sowie Ausstellungen historischer Fotos der Reisepioniere Helfritz, van der Meulen und Stark.

So es die Sicherheitslage zulässt (im Laufe des Jahres 2008 kam es im Hadramaut zu mehreren terroristischen Angriffen auf Touristen), empfiehlt sich von Sayun aus ein Ausflug nach Westen. Dort, rund 25 Kilometer hinter Schibam, bei Al Qatn, fächert sich das Haupttal in mehrere Zubringertäler auf. Viel besucht sind Wadi

Amd und Wadi Doan, in deren Hauptorten Huraidah und Hadscharein die kunterbunt getünchten Hochhäuser reicher Händlerfamilien, umrahmt von rotbraunen Felswänden, gelbem Sand und grünen Palmenhainen, Blicke und Fotoobjektive auf sich ziehen. Fährt man indes von Sayun ostwärts, leuchten einem bald schon rechts der Straße von einer Anhöhe weiße Moscheekuppeln entgegen. Ahmed Bin Isa, der hier bestattet liegt und vor etwa 1200 Jahren, aus dem irakischen Basra kommend, die hiesige Bevölkerung wieder zum rechten, dem orthodoxen Glauben brachte, gilt als direkter Abkömmling Alis, dem Schwiegersohn Mohammeds, und als Stammvater aller Sayids, der Nachfahren der Prophetenfamilie im Hadramaut. Sein Grab ist ein viel besuchter, einmal im Jahr sogar massenhaft frequentierter Wallfahrtsort.

Von hier sind es bloß noch 35 Kilometer nach Tarim, das seit alters als religiöses Zentrum der Region fungiert. Seit dem 17. Jahrhundert strömten Generationen frommer Männer aus ganz Südarabien in diese Stadt, um den sunnitischen Islam eingehend zu studieren. Viele der zu jener Blüte errichteten wohl mehr als 100 Moscheen und Koranschulen stehen nach wie vor, sind allerdings

1 Das über 50 Meter hohe Minarett der Al-Mudhar-Moschee in Tarim. **2** und **3** Der Khailah-Palast im gleichnamigen Dorf im Wadi Doan spiegelt in seiner eigentümlichen Farbigkeit die von Fernhändlern importierten südostasiatischen Einflüsse wider. **4** Der Kustos der Al-Ahqaf-Bibliothek in Tarim. **5** Fremdenführer Abdulqadr Mahdami aus Sayun.

geschlossen. Immer noch in Betrieb ist das renommierte »Dar al Mustafa for Islamic Studies«, wo sich alljährlich über tausend junge, wissbegierige Muslime aus aller Welt in die Theologie und die arabische Sprache vertiefen. Zeugnis für die geballte Intellektualität legt die Al-Kaf-Bibliothek ab. Ihre reichen Bestände, darunter kostbare Handschriften und kunstvolle Kalligrafien, kann man auch als Nichtmuslim besichtigen. Wahrzeichen Tarims freilich ist das Minarett der Al-Midhar-Moschee. Es ist an die 50 Meter hoch, wurde Anfang des 20. Jahrhunderts erbaut und spiegelt sowohl den Wohlstand, den die hiesigen Bewohner damals im fernen Südostasien erwirtschafteten, als auch den von dort importierten, für Arabien atypischen, filigran-verspielten Dekor- und Architekturstil wider. Apropos attraktiver Kulturmix: Ihm verdanken auch die zwei Dutzend über Tarims Stadtkern verstreuten, geradezu barock anmutenden Lehmpaläste ihre Existenz. Das prunkvollste Exemplar, der Al-Kaf-Palast, beherbergt ein Museum, das die schillernde Geschichte jener gleichnamigen, besonders erfolgreichen und reichen Familie dokumentiert, der bis heute das Gros der profanen Prachtbauten in Tarim gehört.

Wadi Hadramaut – in Jemens fernem Südosten

Anreise
Mit Yemenia von Sanaa nach Sayun; über Land von Sanaa via Marib über Safer oder Harib und Shabwa oder von der Küste bei Mukalla aus über den Dschol.

Attraktionen
Sayun: Sultanspalast mit Museum (Archäolog. Abteilung und Ausstellungen mit historischen Fotos), Altstadt und Suqs; am östlichen Stadtrand: Moschee und Grabmal von Ahmed Bin Isa.
Tarim und Umgebung: Al-Midhar-Moschee mit Minarett, Al-Kaf-Bibliothek, diverse Paläste (u. a. Al-Kaf-Palast mit Museum).
Schibam: siehe S. 139 ff.
Randzonen im Westen: Wadi Amd mit Hauptort Huraidah, Reste des Mondgott-Tempels in Madabum, Wadi Doan mit Hauptort Hadscharein, antike Fundstätte von Raybun und Wallfahrtsort mit Moschee und Grabmal des Mashad Ali, Wadi Amid, Al Qatn; *im Osten:* Qabr Nabi Huth (Grabmoschee des Propheten Hud).

Spezialtipps
Die Küste des südlichen Jemen ist für Bade- und Strandurlaube nicht geeignet. Oft lässt die Sauberkeit zu wünschen übrig, Schatten spendende Vegetation und touristische Infrastruktur sucht man vergebens. Eine Ausnahme bildet der Fischerort *Bir Ali:* In der Nähe des antiken Weihrauchhafens Qana gelegen und umgeben von Vulkankratern und Wanderdünen bietet er einen feinsandigen, recht gepflegten Strand mit Campingmöglichkeit. Von großem Reiz und neuerdings mehrmals pro Woche per Flugzeug erreichbar ist die 500 km südöstlich von Mukalla im Arabischen Meer gelegene, für ihre Lagunen, weißsandigen Strände, die unberührte Berglandschaft und seltene Flora (Drachenblutbäume!) gerühmte Insel *Sokotra*.

5

Vorsicht!
Es sind nicht nur die gegenwärtigen Verwerfungen der Weltpolitik, der vermeintliche *Clash of Civilizations,* der eine Reise an diese Peripherie der Arabischen Welt riskant macht. Hundertprozentig sicheres Touristenterrain war Südarabien nie. Dafür gelten die Jemeniten seit jeher als zu stark stammesorientiert und ihr Temperament als zu hitzig. Die in der Vergangenheit des Öfteren erfolgten Entführungen von Ausländern durch Stammesangehörige dienten normalerweise allerdings »nur« der Erpressung der Zentralregierung in Sanaa und endeten so gut wie immer mit deren unversehrter Freilassung. Ungleich bedrohlicher ist die terroristische Gewalt, die Al-Kaida-nahe Gruppen in jüngster Zeit zunehmend gegen Reisende aus dem Westen üben. Grundsätzlich sollte man sich vorab über die jeweils aktuelle Sicherheitslage im Land oder der jeweiligen Region informieren. So man sich zu reisen entschließt, sollte man die Tour von erfahrenen Veranstaltern oder einer örtlichen Agentur organisieren lassen. Detaillierte Infos zur aktuellen Situation bietet: www.auswaertiges-amt.de

1

2

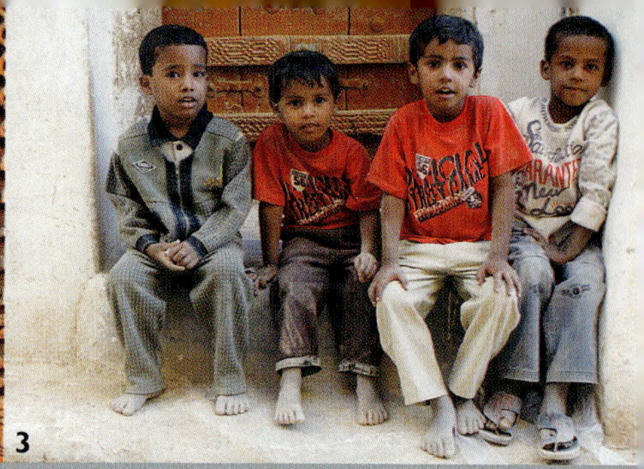

3

4

Das Manhattan der Wüste

Schibam – die Fünf-Sterne-Attraktion des Wadi Hadramaut

Sie gilt als größte Sehenswürdigkeit im südlichen Jemen und ist einer der mythischen Orte des Morgenlandes schlechthin: Die Altstadt von Schibam blickt auf eine fast 2000-jährige Geschichte zurück und wirkt wie eine malerische Insel im Strom der Zeit.

Dann sah es plötzlich so aus, als sei eine der unteren Klippen in die Mitte des Tales gerückt: verwittert und geborsten; als wir näher kamen, immer mehr einem Berg von Bienenwaben gleichend. Ganz oben schien ein Riesenpinsel Kalkfarbe verwischt zu haben. Da lag sie – eine alte und verwitterte Stadt, geformt aus dem Lehm der umliegenden Hügel, erbaut auf einer Erhebung, unter der, da kann es keine Zweifel geben, frühere Städte begraben sind. Das also war Schibam, ›erbaut inmitten des Landes Hadramaut‹.« An jenem archaischen Eindruck, wie ihn die britische Abenteuerreisende Freya Stark Anfang der 1930er Jahre in ihrem Tagebuch festhielt, hat sich im Grunde nicht viel geändert. Das »Manhattan der Wüste«, wie der deutsche Forscher Hans Helfritz Schibam nannte, versetzt immer noch jeden Neuankömmling in erfürchtiges Staunen. Insbesondere der klassische Blick auf das Hochhaus-Ensemble vom Aussichtspunkt am Hügel vis-à-vis, möglichst am Abend, wenn die sinkende Sonne die Lehmstadt und die Felswände rundum in grandiosen Farbtönen, von Braun zu Gold zu Violett, changieren lässt, zählt zu den unvergesslichen Momenten im Leben jedes Reisenden.

Heute verbindet eine asphaltierte Straße Schibam mit den nahen Provinzstädten Sayun und Tarim. Es gibt einen Autoparkplatz, Strommasten, Kanalisation, und die weite Sandfläche vor der Stadt, auf der früher die Waren und Hunderte Kamele der Karawanen aus Mukalla und Schihr lagerten, wurde von der örtlichen Jugend längst zum Fußballplatz umfunktioniert. Doch die urbane Grundstruktur ist dieselbe geblieben. Das bereits 1982 von der UNESCO zum Weltkulturerbe geadelte Schibam gleicht nach wie vor einer geschlossenen Festung. Es steht – zum Schutz vor den seltenen, aber gewaltigen Fluten auf leicht erhöhtem Gelände – inmitten des Wadi, bedeckt eine Fläche von 7,7 Hektar und ist bis heute im Wesentlichen nur durch ein zentrales Tor zugänglich, komplett von einer massiven Stadtmauer eingefasst. Seine etwa 500 Häuser sind,

1 Diese schmucke Villa steht am Rand von Schibam. **2** Schnitzwerk an einem Tor des Hotels Al Hawta Palace. **3** Diese Jungen aus Alt-Schibam haben die Gassen eines UNESCO-Weltkulturerbes zum Spielplatz. **4** Der Großteil der rund 500 Häuser von Schibam sind mehrere Hundert Jahre alt.

1 und **2** Das Al Hawta Palace, der 150 Jahre alte ehemalige Sitz eines adeligen Clans, bietet die beste Übernachtungsmöglichkeit im Wadi Hadramaut. **3** Das Hotel verfügt über einen Poolbereich … **4** … und ist mit alten Holztruhen und Orientteppichen möbliert.

um einander möglichst viel Schatten zu spenden, dicht an dicht gebaut – quaderförmig, aus Lehm, auf steinernem Fundament, fünf bis acht Stockwerke, maximal 30 Meter hoch.

Als »Poesie aus Lehm« hat Jemen-Fan Günter Grass die hadramautischen Hochhäuser beschrieben. Ihre zauberhafte Aura beruht wesentlich auf dem Baumaterial: Der Lehm fügt sich nicht nur farblich perfekt in die Landschaft, er sorgt auch dafür, dass die Gebäude atmen und das Innere der Häuser im Sommer, wenn das Quecksilber bis nahe der 50-Grad-Marke klettert, einigermaßen erträglich bleibt. Deshalb sind, obgleich gegenüber von Alt-Schibam, am Fuße der Berge, in den letzten Jahrzehnten eine gesichtslose Neustadt, und überhaupt auch im Hadramaut allerorten zusehends Behausungen aus Beton entstanden sind, Lehmziegel und Pisee, Stampflehm, immer noch die bevorzugten Baumaterialien. Immer wieder trifft man unterwegs auf Arbeiter, die mit bloßen Händen Lehm, Stroh und Häcksel mit Wasser anmischen, die breiige Masse in Holzrahmen zu Ziegeln pressen und diese zum Trocknen in der Sonne auslegen, bis sie steinhart sind. Auch auf archaische, abenteuerlich qualmende Öfen stößt man gelegentlich. In ihnen wird jener Kalk gebrannt, mit dem die Dachgeschosse der Lehmhäuser gegen Regen und die Grundmauern gegen die ätzende Harnsäure der Haustiere imprägniert werden.

Schibams Hochhäuser sind bis zu 300, 400, manche sogar 500 Jahre alt. Die Wurzeln der Siedlung reichen jedoch bis in die Antike zurück. Ihre Gründung datiert vermutlich im 3. Jahrhundert n. Chr., als das Königreich Hadramaut mitsamt seiner Hauptstadt Schabwa von den Himjaren zerstört wurde und Teile der Bevölkerung nach Osten flüchteten. Bald schon stand Schibam im Ruf, eine der wichtigsten Handelsstädte entlang der Weihrauchstraße zu sein. In der Neuzeit fanden Textilien und Datteln aus örtlicher Produktion über den Hafen Schihr ihren Weg bis nach Ostafrika. Aus der Gegenrichtung kamen Gewürze, Myrrhe, Weihrauch. Noch in den 1930er Jahren stapelten sich auf dem hiesigen Markt alle Güter, die das Herz eines Hadrami nur begehren konnte. Vor allem aber bot die Stadt ihren Bewohnern und Gästen das in jenen Zeiten der Stammesfehden und Straßenräuber Kostbarste, nämlich Sicherheit.

Heute ist die Bevölkerung Alt-Schibams auf 2000 Seelen, die der Gemeinde insgesamt auf 7000 geschrumpft. In den sandigen Gassen herrscht eine zutiefst dörfliche Atmosphäre. Ziegenherden dösen im Schatten der Hauswände, zupfen am Altpapier, im Müll, der nicht wenige Ecken ziert. Auf dem lang gestreckten Hauptplatz,

rund um die Zisterne, vertreiben sich Kinder mit selbst fabriziertem Spielzeug die Stunden. Vereinzelt knattert ein Moped vorbei, huschen tief verschleierte Frauen von Haus zu Haus. Der kleine Markt auf dem Platz vor der Zitadelle bietet gerade noch Obst und Gemüse, Trockenfisch, Brennholz feil – die wichtigsten Güter des täglichen Bedarfs. Selbst die wenigen Souvenirläden sind die meiste Zeit leer, seit wegen der Entführungen und Anschläge kaum noch Touristen kommen.

Wenn fünf Mal am Tag auf dem Minarett der Freitagsmoschee – die aus den frühen Jahren des Islam stammt und der Überlieferung nach um 800 auf Geheiß des Kalifen Harun ar Raschid erweitert wurde – die Lautsprecher klicken, übertönt kein Fahrzeuglärm, keine westliche Radiomsuik den kehligen, krächzenden Gebetsruf des Imam. Und wenn sich Tag für Tag nach der großen Mittagshitze in der Ecke gleich hinter dem Stadttor die älteren Männer ein Stelldichein geben, Tee schlürfen, Domino spielen, ihre Wasserpfeifen aus Kokosnussschalen schmauchen und bis lange in den Abend hinein, unter dem unvergleichlichen Sternenhimmel sich ihre Geschichten, die ihres Stammes und die der ganzen Welt erzählen, bilden sie wie Alt-Schibam als Ganzes eine – hoffentlich nicht nur vermeintlich unverrückbare – Insel im hektischen Strom unserer Zeit.

Schibam – das Manhattan der Wüste

Anreise
Siehe Kapitel »Wadi Hadramaut«, S. 137.

Attraktionen
In der Altstadt: Stadtmauer und -tor, Freitagsmoschee (Masdschid al Kabir), nördliche und südliche Zitadelle (Qasr al Kathiri und Qasr al Qaiti), Musterhaus als Architektur- und Handwerksmuseum (Bait al Taqlidi), zwei Moscheen aus dem 16. Jahrhundert (Masjid Maruf und Masjid al Khoqa), Teehaus auf dem Zitadellenplatz;
außerhalb: Wachturm und Ba-Alawin-Moschee in Shuqayya (östlich der Stadtmauer), Zollstationen der Kathiri und Qaiti in Al Hazm, Aussichts- und Fotoplatz »Schibam panorama« (15 Gehminuten südöstlich des Stadttors), Dorf Al Hawta (6 km östlich).

4

Übernachten
Al Hawta Palace, am Ortsrand von Al Hawta, Gemeinde Sayun, P.O.Box 9299, 58 Zi., Tel. 05-425010, Fax 425013, www.universalyemen.com/hotels. »Hawta« werden im Hadramaut nach uralter beduinischer Tradition jene »geheiligten« Orte genannt, an denen unter Führung religiöser Autoritäten verfeindete Herrscher oder Stämme Friedensverhandlungen führten. Es waren Orte des Dialogs und Gebets, die aber häufig auch wichtige Marktplätze wurden. Das Dorf Al Hawta, zehn Autominuten östlich von Schibam, war ein solcher Ort der Begegnung. An seinem Rand liegt, inmitten eines fünf Hektar großen Palmengartens, in Sichtweite spektakulärer Felswände, das gleichnamige Vorzeigehotel der südarabischen Tallandschaft. Der 150 Jahre alte, ursprüngliche Familiensitz eines adeligen Clans ist nach regionaler Architekturtradition aus Lehm erbaut – der zentrale Palasttrakt mit Innenhof, absolute Ruhelage, klimatisierte Zimmer mit alten Holztruhen und Orientteppichen im typischen Hadramaut-Stil; Open-Air-Büfettrestaurant mit Gemüse und Datteln aus eigenem Anbau, großer Swimmingpool, Leihfahrräder, engagierter Service.

Eine biblisch anmutende Szenerie: Beduinenlager in den Shala-Bergen bei Petra.

1

2

3

4

Die unterschätzte Metropole

Amman – moderne Millionenstadt mit antiken Wurzeln

Die Hauptstadt des Haschemitischen Königreichs gilt unter Touristen vorwiegend als Ausgangsort für Rundfahrten durch das Land. Dabei bietet sie als dynamischer Knotenpunkt für Handel und Kultur genug Sehenswertes für einen mehrtägigen Aufenthalt.

Zugegeben, Jordaniens Hauptstadt ist keine jener morgenländischen Metropolen, die den Neuankömmling auf den ersten Blick berauschen. In ihrem Zentrum laden keine labyrinthischen Basare zu ausgedehnten Wallfahrten der Sinne ein. Sie besitzt keine islamische Altstadt und demnach kaum altehrwürdige Moscheen, in denen der spirituelle Geist vergangener Jahrhunderte zu spüren wäre. Und das Flair von 1001 Nacht ist, verglichen etwa mit Kairo, Damaskus oder Istanbul, sehr viel weniger präsent. Dafür ist Amman auch nicht, wie jene, ein alle urbanen Grenzen sprengender Moloch, sondern immer noch relativ überschaubar. Und das, obwohl in seinem Großraum mittlerweile über ein Drittel der derzeit ungefähr 5,5 Millionen Jordanier zu Hause ist.

Die historischen Wurzeln dieser mit viel Wasser und dank ihrer Lage auf 750 bis 1000 Höhenmetern mit einem selbst im Hochsommer recht moderaten Klima gesegneten Siedlung reichen bis in die Bronze-, sogar bis in die Jungsteinzeit zurück. Bereits um 1500 v. Chr. trieb man zu Füßen des Djebel al Qalaa, des Burgbergs, regen Handel mit den Ägyptern und Zyprioten, den Mesopotamiern und Inselgriechen. In biblischer Zeit residierten in Rabbat-Ammon, so der damalige Name, die Ammoniter. Zu den späteren Herren zählten König David, die Assyrer, Babylonier, Perser und schließlich Ptolemäus II., der die Stadt massiv befestigte, hellenisierte und ihr den Namen Philadelphia gab. Als Mitglied des Städtebunds der Dekapolis entwickelte sie sich, so wie Bosra (im heutigen Südsyrien) und das nördlich benachbarte Gerasa/Jerash, zu einer klassisch-römischen Stadt, geprägt durch Kolonnadenstraßen, Tempel, Bäder, ein Theater, ein Forum und massive Befestigungsanlagen. In byzantinischer, persischer und frühislamischer Zeit war Amman wie schon in grauer Vorzeit eine bedeutende Karawanenstation. Während der Kreuzzüge und unter den Mamelucken jedoch fiel der Ort für Jahrhunderte völlig der Vergessenheit anheim. Um 1900 existierte im Wadi Amman bloß ein Dorf

1 und **3** Die Reste einer byzantinischen Basilika und einer antiken Tempelanlage auf der Zitadelle von Amman. **2** Ein typischer Kelim aus beduinischer Produktion. **4** Die Hauptstadt des Haschemitischen Königreichs ist, wie auch Rom, auf sieben Hügeln erbaut.

1 und **2** Eleganz und perfekter Service werden im Hotel Four Seasons in Amman großgeschrieben. Im Bild: eine Suite und der Frühstücksraum. **3** In der Royal Suite des Grand Hyatt, einer weiteren Topadresse in der jordanischen Hauptstadt. **4** »Breakfast is ready« im Four Seasons.

mit nicht mehr als 2000 Einwohnern – vornehmlich Tscherkessen, die sich erst etwa 20 Jahre zuvor als Flüchtlinge (in ihrer kaukasischen Heimat wüteten die Truppen des russischen Zaren) hier angesiedelt hatten. Als 1903 die Schienen der Hedschas-Bahn, die Sultan Abdul Hamid II. von Damaskus aus in Richtung der heiligen Stadt Medina legen ließ, das Tal erreichten, hatten sich zu den Tscherkessen bereits syrische und palästinensische Händler gesellt. 1922 erhob Abdullah ibn Hussein, der haschemitische Emir von britischen Gnaden, die Siedlung zur Hauptstadt des soeben errichteten Mandatsgebiets Transjordanien. Eine Urbanisierung setzte ein, die sich nach Erlangung der staatlichen Unabhängigkeit (1946) – damals lebten in Amman 25 000 Menschen – intensivierte. Heute, nach dem 1948/49 und 1967 erfolgten Zustrom Hunderttausender Palästina-Flüchtlinge, nach der Rückkehr von rund 300 000 Gastarbeitern aus Kuwait und Saudi-Arabien infolge des Ersten Golfkriegs (1991) und der Ansiedelung zahlreicher Iraker, die dem Horror in ihrer Heimat seit 2003 glücklich entronnen sind, beträgt die Einwohnerzahl mehr als zwei Millionen. Mindestens 60 Prozent davon sind palästinensischer Herkunft.

Das wegen der Kalksteinfassaden weißlich-helle Häusermeer Ammans bedeckt statt der ursprünglich sieben Hügel, auf denen die Stadt nach dem Vorbild Roms gegründet wurde, über 50 Quadratkilometer. Außerhalb des kleinen historischen Kerns prägen moderne, von breiten Straßenzügen und insgesamt acht Kreisverkehren erschlossene Villen- und Reihenhaussiedlungen, Geschäfts- und Bürozentren das Stadtbild. Von Reisenden wird Amman in erster Linie als Ankunftsort und Ausgangspunkt für die Erkundung des Landes gesehen. Was nicht verwundert, verfügt es doch dank der vielen hier ansässigen Reiseveranstalter, der erstklassigen Gastronomie, Hotellerie und Verkehrsanbindungen über eine hochmoderne touristische Infrastruktur. Von hier aus sind alle Highlights, sei es Jerash oder das Tote Meer, die Wüstenschlösser oder Petra und Aqaba, bequem in einer Tagesfahrt zu erreichen.

Freilich trügt der oberflächliche Blick. Denn wer sich auf die junge Metropole einlässt, kann hier sehr wohl mit Gewinn mehrere Tage zubringen. Zum einen harren diverse Relikte aus der antiken Blüte der Besichtigung: das Römische Theater zum Beispiel, das Odeon und die monumentale Ruine des Nymphäums, und auf dem Zitadellenhügel, unweit des sogenannten Omajjaden-Palasts, Reste eines Tempels und einer Basilika. Dort oben bietet übrigens das kleine, aber feine Archäologische Museum – noch, bis zur Eröffnung seines modernen Nachfolgers – Informationen zur Landesgeschichte. Unter den vielen Exponaten faszinieren die in Ain Ghazal

gefundenen Tonstatuen aus dem 8. Jahrtausend v. Chr. und einige Schriftrollen aus Qumran.

Wer sich für Gegenwartskunst interessiert, gerät ob des einschlägigen Angebots garantiert ins Staunen. Ausstellungshäuser wie das *Darat al Funun*, übrigens ein äußerst idyllisch gelegener, aus drei historischen Villen gefügter Gebäudekomplex, oder die National Gallery of Fine Arts oder das alternative Zentrum Makan zählen seit Jahren zu den interessantesten Kunstadressen im Nahen Osten und strafen das Vorurteil eindrücklich Lügen, Jordaniens Hauptstadt gleiche einer »kulturellen Wüste«. Außerdem herrscht in der Innenstadt durchaus ein buntes, »typisch orientalisches« Treiben: Rund um die rosa-weiße Hussein-Moschee herrscht Menschengewimmel, spielen Männer in Cafés Backgammon, schwatzen und rauchen Wasserpfeife. In den angrenzenden Suq-Gassen arbeiten die Weber und Töpfer, lassen Schneider ihre Nähmaschinen rasseln, suchen elegante Damen nach passendem Goldschmuck … Und dann sind da noch die Luxushotels, mit denen all die großen, namhaften Ketten in bemerkenswerter Dichte Flagge zeigen: Oasen des Luxus und Wohlbefindens wie das Kempinski, Four Seasons, Grand Hyatt, Marriott oder Meridien, in denen kein Wunsch unerfüllt bleibt und sich vor oder nach einer »Steinegucker«-, Wander- oder Wüstentour aufs Wunderbarste durchatmen lässt.

Jordaniens Hauptstadt Amman

Anreise

Die meisten großen Fluggesellschaften fliegen den Queen Alia Airport an, 32 km südlich der Stadt. Bus-Shuttle halbstündlich zur Station Abdali in der Stadt.

Attraktionen

Zitadellenhügel Djebel al Qalaa mit Archäologischem Museum, Omajjaden-Palast, Reste des Zeus- und Artemistempels, einer byzantinischen Basilika; in der Unterstadt: Römisches Theater, Odeon, Ruine des Nymphäums, Hussein-Moschee, Suq, Folkloremuseum; außerdem u. a.: Abu-Darwish- und König-Abdullah-Moschee, Königliches Automobilmuseum und in der Umgebung, die »Burg des Sklaven« (Qasr el Abd) im Wadi es Sir und das Museumsdorf Kan Zaman Village (nahe der Airport Road, hinter dem 7th Circle).

Übernachten

Kempinski, Abdul Hameed Shoman Street, Shmeisani, Tel. 06-5200200, für Reservierungen auch Tel. 00800-42631355, www.kempinski-amman.com, DZ ab 100 €.
Four Seasons, 5th Circle, Al Kindi Street, Jebel Amman, Tel. 06-5505555, www.fourseasons.com, DZ ab 210 €.

Diese zwei Rolls-Royce unter den hauptstädtischen Hotels garantieren rundum Fünf-Sterne-Plus-Komfort; vom Gourmettempel bis zum großflächigen Spa lässt die Infrastruktur keinerlei Wünsche offen.

Essen

As Sahn al Dimashq, Shmeisani, neben Pizza Hut, Tel. 06-5663616; erstklassige arabische Spezialitätenküche, besonders üppiges Mezze-Vorspeisensortiment.
La Brasserie, im Hotel Le Meridien, Shmeisani, Queen Nur Street, Tel. 06-5696511; hervorragende levantinische Speisen und ebensolche Weine aus der Region.
Café Wild Jordan, im gleichnamigen Zentrum der Royal Society for the Conservation of Nature, Othman bin Affan Street, nahe Rainbow Street, Djebel Amman/1st Circle, Tel. 06-4633542; In-Treff, nicht nur für Umweltfreunde, naturnahe, gute Küche, schönes (Alt-)Stadtpanorama.

Spezialtipps

Adressen für Gegenwartskunst

Darat al Funun, Sa–Mi 10–19, Do bis 20 Uhr, www.daratalfunun.org.
Zentrum Makan, auch Konzerte und Filme, www.makanhouse.net.
National Gallery of Fine Arts, Sa–Mo, Mi, Do 9–19 Uhr, www.nationalgallery.org.
Einblicke ins Schaffen einheimischer und arabischer Gegenwartskünstler vermitteln außerdem u. a. die *Zara Gallery,* im Grand Hyatt Hotel; www.soukzara.com/zaragallery, und *4walls,* im Sheraton; www.4walls.org.

Hedschas-Bahn

Nostalgiefahrten auf der geschichtsträchtigen Bahnlinie von Amman nach Damaskus, zweimal wöchentlich, Fahrzeit: 9 Stunden (max. Tempo: 50 km/h).
Infos: Jordan Tourism Board (siehe S. 186).

1

2

3

4

Im Land der Bibel

Zwischen Berg Nebo, Madaba und Bethanien im Jordantal

Eine Fahrt ans Ufer des Jordan und durch die östlich angrenzenden Berge gerät unweigerlich zur biblischen Spurensuche. Auf Schritt und Tritt kreuzt man postum die Wege der Religionsstifter und großen Propheten aus dem Alten und Neuen Testament.

Warum nicht mit dem Panoramablick vom Berg Nebo beginnen? Von jenem legendären Felssporn, an dem das Gebirgsmassiv von Moab abrupt, über 1000 Meter tief zum Jordantal abfällt. Dort, wo Mose vor ungefähr 3200 Jahren den Israeliten erstmals ihr verheißenes Land gezeigt haben soll, liegen einem die Schauplätze unzähliger Geschichten aus dem Alten und Neuen Testament wie auf dem Servierbrett zu Füßen – der Jordan, mit dessen Wasser Johannes Jesus taufte – und dessen sattgrünes Ostufer, das antike Peräa. Weiter südlich schillert das Tote Meer, an dessen Ufer König David »achtzehntausend Edomiter tötete«, die lasterhaften Städte Sodom und Gomorrha lagen und Lots Frau, die, weil sie das Gebot Gottes nicht befolgte, zur Salzsäule erstarrte. Ganz in der Nähe stehen die Ruinen der Festung Muqawir alias Machärus, in der König Herodes residierte, Salome ihren Tanz der sieben Schleier vollführte und Johannes daraufhin seinen Kopf verlor. Irgendwo an den Abhängen des Djebel Siyagha (arabisch für Berg Nebo) soll der Prophet Jeremia die Bundeslade und die Stiftshütte, das heilige Zelt Israels aus der Zeit der Wüstenwanderung, versteckt haben. Weiter nördlich, im osmanisch geprägten Städtchen Salt, liegen sowohl Hiob als auch Jitro, Moses Schwiegervater, sowie zwei Söhne Jakobs, Gad und Ascher mit Namen, begraben. Und ganz im Westen, in den judäischen Bergen, glänzen an klaren Tagen bei Sonnenuntergang die Kuppeln und Dächer von Bethlehem und Jerusalem.

»Mose stieg aus den Steppen von Moab auf den Berg Nebo, den Gipfel des Pisga gegenüber Jericho … Und der Herr sagte zu ihm: Das ist das Land, das ich Abraham, Isaak und Jakob versprochen habe …« Anders, als im Deuteronomium, dem fünften Buch Mose, beschrieben, überwindet man heutzutage die 1200 Höhenmeter auf den Djebel Siyagha bequem über eine tadellose Straße. Oben, auf der höchsten Kuppe, thront auf den Fundamenten einer Basilika aus dem 6. Jahrhundert die Gedächtniskirche. Ihr größter

1 Die Panoramaterrasse bei Madaba eröffnet einen fantastischen Blick auf das Tote Meer. **2** Ein frühchristliches Mosaikenmotiv in einer Kirche in Madaba. **3** Franziskanerkirche und … **4** … Mose-Memorial auf dem Berg Nebo, von dessen Gipfel der Religionsstifter erstmals das Gelobte Land erblickte.

1 Hauptattraktion von Madaba, der Stadt der Mosaizisten: die St.-Georgs-Kirche mit der »Landkarte von Palästina«. **2** und **3** Ausstattungsdetails der griechisch-orthodoxen St.-Georgs-Kirche. **4** Souvenirladen in der Hauptstraße von Madaba. **5** Restaurant im »Dead Sea Panoramic Complex« bei Madaba.

Schatz sind die Mosaike der byzantinischen Vorgängerin. Sie befinden sich in situ, wurden aber erst 1976 wieder entdeckt. Eines der Mosaike zeigt auf 25 Quadratmetern Jagdszenen mit Männern zu Fuß und zu Pferd, die, von Hunden unterstützt, gegen einen Löwen, einen Panther, einen Bären und ein Wildschwein kämpfen. Ein Hirte mit seiner Herde ist zu erkennen und auch zwei Wärter, die einen Strauß, ein Zebra und ein gesprenkeltes Kamel an der Leine führen. Neben der Kirche ragt das Mose-Memorial, ein von einer Schlange umschlungenes Kreuz, himmelwärts. Und von jener Plattform, auf der Papst Johannes Paul II. zu Beginn seiner Millenniums-Pilgerreise im Jahr 2000 betete, genießt man eine grandiose Aussicht auf das so gelobte wie geschundene Land, in dem angeblich »Milch und Honig fließen«.

Einen gänzlich anderen, nicht minder faszinierenden Überblick auf diese Kernregion der Zivilisationsgeschichte bekommt, wer das nahe Städtchen Madaba besucht. Die alte Handelsstation an der berühmten Königsstraße bildete in byzantinischer Zeit ein Zentrum der Mosaikkunst und besaß sogar – wie übrigens seit den frühen 1990er Jahren wieder – eine eigene, weithin bekannte Schule für Mosaizisten. Sage und schreibe 14 Kirchen entstanden hier im 6. Jahrhundert zur Zeit Kaiser Justinians. Deren heute mit Abstand meistbesuchte ist die griechisch-orthodoxe St.-Georgs-Kirche. Denn auf deren Boden befindet sich die berühmte »Landkarte von Palästina«. Aus ungefähr 2,3 Millionen Mosaiksteinchen hatten Künstler hier vor über 1400 Jahren auf einer Fläche von knapp 16 mal 6 Meter den gesamten Nahen Osten, vom Antilibanon und den phönizischen Häfen Tyros und Sidon im Norden bis nach Unterägypten und von der Mittelmeerküste bis in die Wüste, dargestellt. Ein beträchtlicher Teil wurde im Laufe der Zeit zerstört. Doch selbst das verbliebene Fragment ist höchst spannend zu studieren. Dargestellt sind unter anderem der Jordan, in dem drei Fische schwimmen, das Tote Meer mit Segelschiffen und über 150 größtenteils identifizierte Orte. Unübersehbar im Zentrum liegt, der frühchristlichen Auffassung vom Nabel der Welt gemäß, das heilige Jerusalem. Dass der Kartograf ohne Satellit und genaues Ver-

messungsinstrumentarium die Region so wirklichkeitsgetreu erfassen konnte, macht Staunen.

Mancherlei noch kann in der Gegend erkunden, wer auf den Spuren der Bibel wandern will: Umm ar Rasas zum Beispiel, unweit von Dhiban, wo eine weitere spektakuläre Mosaikkarte die Lage von über zwei Dutzend alttestamentlicher Städte illustriert, oder Tell Mar Elias im hügeligen Hinterland westlich von Ajlun, wo der gleichnamige Prophet das Licht der Welt erblickte. Und in Sichtweite, zwar jenseits des Jordan, im heutigen Israel, doch über die König-Hussein-Brücke problemlos erreichbar, locken Qumran, weltberühmt als Fundort der Schriftrollen, der Berg der Versuchung, von den Arabern Qarantal genannt, auf dem Jesus 40 Tage lang meditiert und gefastet und daraufhin dem Teufel widerstanden haben soll; und Jericho, immerhin mit ihrer gut 9000-jährigen Siedlungsgeschichte die vermutlich älteste ständig bewohnte Stadt der Welt. Die zweifellos größte Anziehungskraft auf christliche Pilger und Bildungsbürger übt freilich Bethanien aus, jener als Archäologiepark gestaltete Ort nahe dem östlichen Flussufer, an dem Johannes der Täufer lebte und wirkte, und Jesus, von diesem getauft, erstmals zu seinem Gott betete und seine ersten Jünger um sich scharte.

Berg Nebo, Madaba und Jordantal

Anreise
Von Amman via Zahran Street, Djebel Amman bis Na'ur (20 km), weiter links ab auf dem King's Highway über Hisban nach Madaba, von dort auf Nebenstraßen nordwestwärts auf den Berg Nebo; zurück bis Na'ur, von dort westwärts, Richtung Jericho/Jerusalem, hinab ins Jordantal.

Attraktionen
Berg Nebo: Panoramablick über Jordantal und Totes Meer bis zu den judäischen Bergen, Mose-Memorial und Gedächtniskirche mit byzantinischen Mosaiken; frühchristliche Ruinen von Siyagha und El Mukhayyet; *Madaba:* St.-Georgs-Kirche mit Mosaiklandkarte, Stadtmuseum, Mosaizierschule, Teppichwerkstätten; Mosaikkarte von Umm ar Rasas bei Dhiban; Archäologiepark Bethanien; *auf der Westbank:* Qumran, Berg der Versuchung und Jericho.

5

Übernachten
Mariam, Madaba, Aisha Umm Al Mumeneen Street, Tel. 05-3251529, Fax 3251530, www.mariamhotel.com, DZ ab 30 €; schickes, familiär geführtes Hotel mit schönem Pool, hauseigenes Restaurant.

Essen
Haret Jdoudna, Madaba, 100 m südlich der St.-Georgs-Kirche, Tel. 05-3248650, www.romero-jordan.com, tgl. 9–0.30 Uhr.
Auf halbem Weg von Amman, in dem für seine antike Mosaikkarte des Heiligen Landes berühmten Handelsstädtchen Madaba, lädt diese mustergültig renovierte, ehemalige Karawanserei zur Einkehr. Ofenfrisches Brot, Mezze, Lamm am Spieß … am schönsten speist man im Innenhof. Danach stöbert man im zugehörigen Kunsthandwerksladen nach einem Souvenir.

Informationen
Tourist Office in Madaba, Palestine Street, neben der St.-Georgs-Kirche, Sa–Do 8–14 Uhr, Tel. 05-3251529.

1

2

3

4

Wüstenschlösser und Naturreservate

Azraq, Shaumari, Qusair Amra und Qasr al Hallabat

Ein spannender Ausflug in die Wüstensteppe östlich von Amman führt zu den über 1200 Jahre alten Landpalästen der Omajjaden und in zwei zauberhafte Schutzgebiete, in denen man anderswo längst verschwundenen Tier- und Pflanzenarten begegnen kann.

Der Kontrast könnte krasser kaum sein: Da fährt man von der Hauptstadt Amman aus ostwärts durch eine steinige, bügelbrettflache Steppe von kaum zu überbietender Kargheit. Und plötzlich, nach ungefähr eineinhalb Stunden, hält der Wagen vor einem zierlichen Schlösschen. »In the middle of nowhere« steht es da, aus schlichten Quadern errichtet, von drei Tonnengewölben und einer Kuppel bekrönt: Qusair Amra, ein Schlüsselbau der frühislamischen Kunstgeschichte, den die UNESCO mit gutem Grund zum Weltkulturerbe geadelt hat. »Ich betrete es«, schrieb der österreichische Kartograf, Ethnologe und Diplomat Alois Musil, der dieses Juwel 1898 für die Fachwelt wiederentdeckte, »und überrascht sehe ich an den Wänden Spuren von Malereien. Ich durcheile die wenigen Räume – sie sind alle mit Wandgemälden geschmückt.« Die Fresken verblüffen, obzwar ziemlich ramponiert, auch den heutigen Besucher, zeigen sie doch neben Handwerkern, Jagdszenen und Musikanten auch halb nackte Tänzerinnen, Badende, Liebespaare – Motive, die man von einem muslimischen Bauherrn des Frühmittelalters nicht gerade erwartet hätte.
Tatsache ist, dass sich in dieser entlegenen Region schon die Römer zum Schutz des *limes arabicus*, der ihre *Provincia Arabia* begrenzte, eine Kette von Kastellen gebaut hatten. Auch Karawansereien und Klöster existierten hier bereits lange vor Auftauchen des Islam. In ihrer heutigen Form jedoch datieren die sogenannten Wüstenschlösser aus dem späten 7. und frühen 8. Jahrhundert. Es waren die Herrscher der Omajjaden, jener in Damaskus residierenden ersten arabischen Kalifendynastie, die sich damals östlich der Linie zwischen dem heutigen Amman und der syrischen Hauptstadt prunkvolle Landsitze bauen ließen. Deren Zweck ist bis heute ein wenig umstritten, lag laut Theorie a) darin, der Jagd und anderen Freuden zu frönen; laut Theorie b): der Pest in den Städten zu entkommen; oder, so Theorie c), die Beduinen besser kontrollieren zu können und nebenbei Wüstenboden urbar zu

1 Qasr al Azraq – im Bild: das Haupttor – wurde von den Ajjubiden im Kampf gegen die Kreuzritter genutzt. **2** und **3** Willkommen in Qusair Amra, dem entzückenden Wüstenschlösschen der Omajjaden. **4** Qasr al Kharana, dessen Entstehung und ursprüngliche Nutzung bis heute im Dunkeln liegen.

1 Die an der »Straße der Könige« gelegene Kreuzfahrerfestung Kerak. **2** Die berühmten Wandmalereien von Qusair Amra stammen aus frühislamischer Zeit und sind erstaunlich gut erhalten. **3** Der Eingang zum Qasr al Azraq, das, in der gleichnamigen Oase gelegen, auf römischen Fundamenten ruht.

machen. Qusair Amra mag dank seiner Kleinheit und des charmanten Bilderschmucks am meisten entzücken. Doch säumen weitere sehenswerte Exemplare die gut 200 Kilometer lange Rundroute. Schon 16 Kilometer westlich von Amra entfernt erhebt sich direkt neben der Straße in einer baumlosen Senke Qasr al Kharana, ein ungleich wuchtigerer Bau, dessen massive, mit halbrunden Ecktürmen verstärkten Außenmauern keinen Zweifel an seiner Wehrhaftigkeit aufkommen lässt. Und weiter nördlich, etwa 20 Autominuten vor der Ortschaft Zarqa, thront, über eine Seitenstraße erreichbar, auf einer Anhöhe Qasr al Hallabat. Der palastartige quadratische Bau, von dessen Prunk noch Reste von Stuckreliefs, Fresken und bunten Mosaiken zeugen, wird flankiert von einer Moschee, Zisternen und in zwei Kilometer Entfernung von einem sehenswerten Badeschlösschen namens Hammam es Sarakh.

Einen reizvollen Kontrapunkt zu all den Steinen bildet inmitten der schier endlosen Ebene am östlichen Punkt der Route Azraq. Wahrzeichen dieser mehrheitlich von Drusen und Tscherkessen bewohnten Oase ist eine imposante Burg. Sie wurde Anfang des 13. Jahrhunderts von einem ajjubidischen Gouverneur aus pechschwarzem Basalt auf den Fundamenten eines römischen Vorgängerbaus errichtet und im Kampf gegen die »fränkischen« Kreuzritter genutzt. Im Winter 1917/18 diente sie dem legendären Lawrence von Arabien als Unterschlupf und Aufmarschplatz für seine Beduinentruppen. Hauptattraktion von Azraq (arabisch für blau) ist freilich das in den siebziger Jahren gegründete Naturschutzgebiet. Die Oase schien den Beduinen seit Urzeiten als irdisches Paradies, versprachen doch ihre üppig sprudelnden Quellen nach aufreibenden Wüstenmärschen, während der man nur von trübem Brackwasser aus Brunnen gelebt hatte, Labsal. Auch Zugvögel legen in dem saisonal überfluteten Marschland auf ihren anstrengenden Flügen zwischen Nordasien und Afrika scharenweise eine Verschnaufpause ein, wobei eine Vielzahl von Vogelarten hier auch zu brüten und überwintern pflegte. Seine Funktion als ganzjähriges Biotop hat Azraq inzwischen eingebüßt. Die gefiederte Dauerpopulation ist größtenteils zum See Genezareth abgewandert. Einen Besuch lohnt das Feuchtgebiet jedoch weiterhin – ins-

besondere zu Zeiten des Vogelzugs, zumal es in den eigens angelegten Teichen von Fischen wimmelt und an deren mit Schilf bewachsenen Ufern wilde Pferde weiden.
Naturliebhaber kommen auch in dem 15 Kilometer südlich gelegenen Wildreservat von Shaumari auf ihre Kosten. In seinem 22 Quadratkilometer großen Gehege hütet und züchtet die Royal Society for the Conservation of Nature (siehe Info-Kasten) Tiere wie etwa den Onager alias Asiatischen Wildesel, Strauße und diverse rare Gazellen, die in Jordanien akut bedroht oder schon ausgestorben sind. Unumstrittener Star ist, sowohl wegen ihrer Seltenheit als auch ihres hocheleganten Aussehens, dem schneeweißen Fell und der exzentrisch langen Hörner, die Oryxantilope. Das letzte bekannte, wild lebende Exemplar dieser Spezies, die ausschließlich in Arabien heimisch war und den Status einer Art inoffiziellen Wappentiers der Halbinsel hat, wurde 1972 von Jägern im Oman ausgerottet. Woraufhin im Rahmen eines internationalen Rettungsprogramms, der »Operation Oryx«, aus diversen Zoos zwischen London und Kuwait ein knappes Dutzend Tiere zwecks Wiederaussetzung zu einer Herde vereint wurde, mit dem ermutigenden Resultat, dass sich allein in Shaumari nun wieder mehr als 200 Exemplare tummeln.

Der Nordosten

Anreise/Route
Von Amman entweder über den Zarqa Highway, dann auf der King Abdulah Street ostwärts, nach dem Römischen Theater Richtung Zarqa, ca. 15 km danach Richtung Irbid, wenig später rechts auf die Seitenstraße nach Azraq; alternativ: auf dem Desert alias Airport Highway südwärts, beim Schild nach Madaba ostwärts, den Schildern nach Azraq folgen. Gesamtroute: ca. 220 km.

Attraktionen
Geschütztes Feuchtgebiet Azraq und Wildreservat Shaumari (mit Besucherzentrum, Museum, Aquarium, Naturladen), Wüstenschlösser Qusair Amra, Qasr al Kharana, Qasr al Hallabat, Qasr al Mushatta und Qasr et Tuba; Qasr al Azraq.

Aktivurlaub
Tages- und Nachtsafaris im Shaumari Wildlife Reserve, Führungen durch das Azraq Wetland Wildlife Reserve.

Übernachten
Azraq Lodge, ganzjährig geöffnet, stilvolles Ökocamp, Info und Buchung über die RSCN: s. u./Informationen.

Essen
Azraq Resthouse, Tel. 05-3834006, ganzjährig geöffnete Bungalowanlage; zugehöriges Restaurant mit kleiner, aber tadelloser Speisenauswahl.

Spezialtipp
Für Fans der omajjadischen Wüstenschlösser: *Qasr et Tuba,* 50 km südlich von Qasr al Kharana, über steinige Piste erreichbar. Geländewagen obligat, ortskundiger Führer ratsam.
Qasr al Mushatta, große, unvollendete Palastanlage unweit des Internationalen Flughafens gelegen, erreichbar von Amman über den Airport Highway.

Informationen
Royal Society for the Conservation of Nature (RSCN): Sieben Naturschutzgebiete hat die Königliche Gesellschaft für Naturschutz in Jordanien bislang eingerichtet: Ajlun und Dibeen unweit von Jerash, das Dana Nature Reserve in den Bergen zwischen Petra und dem Roten Meer, Mujib mit dem gleichnamigen spektakulären Canyon und die grandiose Wüstenlandschaft des Wadi Rum und eben das für Zugvögel essenzielle Feuchtgebiet Azraq, zu dem auch das Oryx-Reservat Shaumari gehört. Als landesweit oberste Instanz in Sachen Naturschutz betreibt diese nichtstaatliche Organisation unter dem Markennamen *Wild Jordan* Ökotourismus und fördert Herstellung und Verkauf traditionellen Kunsthandwerks. Der Sitz der Naturschutzorganisation in Amman ist ein beliebter Treff- und Infopunkt. Dort kann man Exkursionen und Quartiere buchen, in einem Nature Shop qualitätvolle, handgearbeitete Souvenirs kaufen und im zugehörigen Café Köstlichkeiten der biodynamischen Küche samt Panoramablick auf die Altstadt genießen.
Info und Buchung, insbesondere auch für Azraq und Shaumari, im Wild-Jordan-Zentrum, Othman bin Affan Street, nahe Rainbow Street, Djebel Amman/1st Circle, Tel. 06-5334610, tourism@rscn.org.jo, www.rscn.org.jo oder www.wildjordancafe.com.

1

2

3

4

Jordaniens mediterrane Seite

Der grüne Nordwesten – Jerash, Ajlun, Pella, Umm Qeis

Das transjordanische Hügelland entzückt Wanderer mit seiner bukolischen Natur und, im Frühjahr, einer herrlich blühenden Vegetation. Spektakuläre Ruinenstätten zeugen auch hier von der enormen Geschichtsträchtigkeit der Region.

Szenenwechsel. Gut 50 Kilometer Luftlinie nordwestlich von Amman, etwa auf halber Höhe zwischen See Genezareth und Totem Meer: In den Hügeln um Ajlun hat der mediterrane Frühling Mitte März schon seinen ganzen Blütenteppich und ein Duftpolster über das Land gebreitet. Minze, Salbei, Ginster, Mimosen, leuchtende Mohnblumenfelder, silbergrüne Olivenhaine auf roter Erde … Der Liebreiz erreicht stellenweise provenzalische Dimensionen. Jordanien, ein Wüstenland? Es hat geregnet und überall quillt Wasser. Die Luft ist von Flattern, Surren und Zirpen erfüllt. Hirten mit ihren Schaf- und Ziegenherden machen die bukolische Idylle perfekt. Auch hier hat die Königliche Gesellschaft für Naturschutz wie in Azraq und Shaumari und auch weiter südlich in Dana und Wadi Rum (siehe Info-Kasten, S. 155) ein Ökoreservat eingerichtet. Das Vorurteil des Westens, in der arabischen Welt schere man sich nicht um die Erhaltung der Umwelt und sei desinteressiert an naturnahem Tourismus, wird einmal mehr Lügen gestraft. Übernachtet wird hier in großen Zelten aus wetterfester Jute. Zum Frühstück schmaust man auf der Terrasse mit Blick ins Grüne knuspriges Fladenbrot mit Hummus, Oliven und Honig. Die Morgenluft freilich ist um diese Jahreszeit noch, was Angelsachsen »chilly« nennen, kein Wunder auf 1200 Meter Seehöhe. In spätestens zwei Monaten, wenn es unten im Tal richtig heiß ist, wird die Frische hier oben eine Wohltat sein.

In Ajlun haben die Naturschützer zwei Rundwanderwege angelegt. Für eineinhalb respektive fünf Stunden kann man auf Tuchfühlung mit der Pflanzen- und, etwas Glück vorausgesetzt, auch mit der Tierwelt gehen. Mehrere hauptberufliche Ranger flanieren, ebenso froh über ihren Job wie stolz auf ihr botanisches Wissen, auf Wunsch mit Gästen des Camps übers Land. Voll Enthusiasmus erläutern sie, was entlang des Weges wächst: Erdbeer-, Johannisbrot- und Pistazienbäume, Anemonen, Cyclamen, seltene Orchideen. Auf entlegenen Lichtungen kann man manchmal

1 Der Hadriansbogen am Eingang zum Ruinengelände von Jerash. **2** Architrav an der berühmten Kolonnadenstraße. **3** und **4** Botaniker bekommen beim Wandern durch den Nationalpark von Ajlun Eichen, Olivenbäume, aber auch allerlei seltene Pflanzenarten zu sehen.

1

2

3

sogar eine schwarze Iris, die Nationalblume des Haschemitenreichs, entdecken.

Ein Kontrastprogramm bietet ganz in der Nähe die mächtige, über 800 Jahre alte arabische Festung von Ajlun, Qalaat er Rabat. Eine Phalanx aus Türmen und Mauerringen, Wehrgängen, Schießscharten, Fallgittern, Pechnasen ... Bei den Kreuzritterburgen der Region, etwa in Kerak oder Shaubak, fragt man sich, was die Erbauer wohl dazu trieb, solche Berge von Kalkquadern auf hohe Hügel zu schleppen und jahrzehntelang dahinter verschanzt auszuharren. War es wirklich das fanatische »Gott will es!« der Päpste und Prediger? Der versprochene Sündenablass? Die Aussicht auf Handelsmonopole und Besitz? Oder doch schlicht der Wunsch, der armseligen Enge daheim zu entkommen, gepaart mit der Lust auf Abenteuer? Bei der Festung von Ajlun fällt die Antwort leichter: Bauherr war ein Verwandter Saladins. Die Araber brauchten Bollwerke gegen die ungläubigen Eindringlinge und oblagen der heiligen Pflicht, die Mekkapilger zu schützen.

Keine 20 Autominuten entfernt, in Dibeen, erstreckt sich der nächste Nationalpark. Hier vermitteln vorrangig Eichenwälder und Aleppokiefern eine Vorstellung, wie grün weite Teile Jordaniens noch vor 100 Jahren waren. Die notwendige Infrastruktur zur nachhaltigen Nutzung ist erst im Aufbau begriffen, die Zahl ausländischer Touristen noch gering. Derweil stürmen Schulklassen und jeden Freitag einheimische Familien zwecks Vollzugs des rituellen Picknicks das Reservat. Dann wird gekocht, getratscht, Tee getrunken, Musik gemacht. Und offensichtlich jede Menge Müll produziert. »Haltet den Wald sauber!«, mahnen Schilder. Ranger patrouil-

1–4 Die hellenistisch-römische Stadt Gadara besaß einst als Mitglied der Dekapolis eine sehr urbane Infrastruktur. Die Ruinenstätte, mit heutigem Namen Umm Qeis, umfasst unter anderem die Reste zweier Theater, eines Mausoleums, eines Hippodroms und einer Kolonnadenstraße. **5** und **6** Die Säulenstraße und eines der Stadttore der römischen Handelsmetropole Gerasa alias Jerash.

lieren, um zu belehren. Doch die Appelle verhallen bislang ungehört. Über Nacht verteilt der Frühlingswind die Müllhalde – Flaschen, Windeln, Säcke, selbstredend alles aus Plastik – schön gleichmäßig auf das hügelige Umland.

Ein Stück nordwestlich, in einem kleinen Nebental des Jordan, wartet die erste einer Reihe hochinteressanter Ruinenstätten, denen es hier im äußersten Nordwesten des Landes die Parade abzunehmen gilt: Der Ort Pella war wegen seiner Vorzüge, der häufig vom transjordanischen Hügelland herabwehenden kühlen Brise und seiner nie versiegenden Quelle, schon im Neolithikum besiedelt, spielte auch unter den Ptolemäern und Seleukiden eine beträchtliche Rolle. Der römische Kaiser Pompeius schließlich erhob Pella zu einer Stadt der Dekapolis, jenes von ihm gegründeten Zehnstädtebundes, zu dem etwa auch Philadelphia, das heutige Amman, gehörte. Vor Pellas Mauern tobte im Jahr 635 eine folgenschwere Schlacht zwischen den aus Arabien nordwärts stürmenden muslimischen Kriegern und der byzantinischen Armee, bei der angeblich 80 000 Griechen den Tod fanden. Ein schweres Erdbeben (747), aber nachhaltiger noch die Steuereintreiber der Osmanen 800 Jahre später raubten Pella die Existenzgrundlage. Geblieben und penibel freigelegt sind oben auf dem Haupthügel die Fundamente eisenzeitlicher Häuser und Wallmauern und unten im Tal die Reste

1 Die Festung von Ajlun, arabisch Qalaat er Rabat von außen …
2 … und im Inneren. **3** Mediterran anmutendes Hügelland prägt den Nationalpark von Ajlun. **4** Der Eingangs- und Infobereich ist im Stil der Region aus Kalkstein erbaut.

mehrerer Tempel, einer Säulenstraße, eines kleinen Tempels und einer Basilika aus römischer beziehungsweise byzantinischer Zeit. Pflichtstation Nummer zwei ist, nicht nur für archäologisch Interessierte, eine halbe Autostunde nördlich: Umm Qeis. Von dem auf einem strategisch wichtigen Sattel gelegenen Dorf aus genießt man ein sensationelles Panorama. Es umfasst das gesamte nördliche Jordantal, den See Genezareth, die Schlucht des Jarmuk und reicht an klaren Tagen über die Golanhöhen bis zum Berg Hermon. Vor allem aber erheben sich hier die Ruinen der hellenistisch-römischen Stadt Gadara. Und die besaß als Mitglied der Dekapolis eine richtig großstädtische Infrastruktur. Folgt man der säulengesäumten Hauptstraße, stößt man dementsprechend auf imposante Relikte: ein Hippodrom, ein Mausoleum, ein Theater, ein Wasserbecken … Highlight ist das im Osten gelegene zweite Theater, das bis zu 3000 Zuschauer fasste und aus schwarzem Basalt besteht.

Die aber mit Abstand größte klassische Sehenswürdigkeit des jordanischen Nordens ist, auf halbem Weg retour Richtung Amman gelegen, Jerash, genauer: das weitläufige Ruinenfeld der römischen Handelsmetropole Gerasa. Die Kolonnadenstraße, Triumphbögen, die imposanten Reste von Tempeln, Theatern, Kirchen, Bädern machen den Beinamen »Pompeji des Ostens« verständlich. Blickfänge sind der kürzlich fertig restaurierte, zu Ehren Kaiser Hadrians errichtete Triumphbogen und das ovale, von 56 ionischen Säulen eingefasste Forum, ferner am Cardo Maximus das prächtige Nymphäum und die beiden Tetrapylone sowie der sogenannte Dreikirchenkomplex und die Reste des Artemistempels. Gerasa erlebte seine Blüte im 2. Jahrhundert, nachdem Kaiser Trajan das Jordanland zur »Provincia Arabia« gemacht hatte (106 n. Chr.). Ein wichtiger Handelsplatz blieb es auch nach der islamischen Eroberung (636). Sein Ende besiegelte gut 100 Jahre später das oben erwähnte Erdbeben. Wiederentdeckt wurde Gerasa 1806. In den 1920er Jahren wurde es systematisch erforscht und ausgegraben. Bis heute sind auf dem weitläufigen Gelände Archäologenteams emsig zugange, wobei sie manche Ruine vielleicht übertrieben rekonstruieren.

Im Amphitheater gibt zum Gaudium der Touristen gern eine Dudelsack-Combo im Beduinen-Outfit ein Ständchen. Das koloniale Erbe der Briten ist auch im Kleinen gegenwärtiger als man denkt. Im antiken Hippodrom marschiert täglich zweimal ein etwa 50-köpfiges Kohörtchen römischer Legionäre auf. Die Männer, allesamt in voller Rüstung, stellen Kampfformationen nach. Gladiatoren wetzen ihre Schwerter. Sogar Pferdegespanne donnern zu martialischer Musik durch das Oval. Schilde und Lanzen blitzen, Sand wirbelt, das Publikum klatscht begeistert. Ben Hur lässt grüßen. Fawaz Zoubi, der Chefmanager des Spektakels, pflegt in der Arena in Tunika und Sandalen den Zenturio und launigen Moderator zu geben – und plant bereits seinen nächsten Coup: Auf den Gleisen der altehrwürdigen Hedschas-Bahn, zwischen Aqaba und dem Wadi Rum, soll bald schon täglich ein Ausflüglerzug verkehren. Entlang der Strecke werden kamelberittene Beduinen im Stil arabischer Freischärler aus dem Ersten Weltkrieg mit viel Krach und Bumm Überfälle inszenieren. Das kleine Königreich aktiviert alle Kräfte, um sich auf dem globalen Markt des Ferienentertainments zu behaupten.

Der Nordwesten

Anreise/Route
Mit (Miet-)Wagen: von Amman von der Anschlussstelle Sport City und über den Vorort Sweileh nordwärts nach Jerash (51 km; ab da Abstecher nach Dibeen) – Ajlun – via Halawa ins Jordantal – Msharea/Pella – Umm Qeis – Irbid – via Hosn und Irbid retour nach Amman.
Mit Bus oder (Sammel-)Taxi: von Amman – nach Jerash (ca. 60 Min.), Ajlun (ca. 90 Min.), Irbid (100–120 Min.), von Irbid nach Umm Qeis (ca. 45 Min.).

Attraktionen
Nationalparks von Ajlun und Dibeen, Burgruine Qalaat er Rabat in Ajlun, Irbid mit Museum of Jordanian Heritage, Ruinenstätten von Pella, Umm Qeis, Abila, Capitolias und vor allem Jerash.

Aktivurlaub
Wandern in Ajlun und Dibeen.

Übernachten
Ajlun Forest Lodge, 1. April–31. Okt., Reservierung, Tel. 06-5334610, tourism@rscn.org.jo, p. P. mit HP ab 35 €; liebevoll geführtes Camp mit wetterfesten Großzelten und Restaurant-Terrasse.

4

Dibeen Resthouse, Tel. 04-632413, p. P. ab 20 €; acht schlichte Zimmer und 19 Bungalows; Alternative: Quartier in Ajlun oder Jerash.

Essen
Resthaus Pella, ganzjährig, Tel. 079-5574145, tgl. 8–20 Uhr; Toplage mit wunderschönem Panorama über Jordantal und Westbank, Spezialität: »Holy Fish«.
Restaurant im Visitor's Centre Umm Qeis, Tel. 02-7500555, tgl. 10–22 Uhr; arabische Spezialitäten, Traumblick über See Genezareth und Golanhöhen.
The Lebanese House, etwas außerhalb von Jerash, Richtung Süden, Tel. 02-6351301, tgl. 11–24 Uhr; hervorragende, sehr vielfältige Mezze, große Hauptspeisenkarte (u. a. Fisch), Blick ins Grüne.

Spezialtipp: Jerash
Hauptattraktion ist natürlich die ausgedehnte Ruinenstätte, tgl. 8–19, winters bis 17 Uhr. Außerdem erlebenswert: die einstündige altrömische Show mit Wagenrennen à la Ben Hur, Legionärs- und Gladiatorenkämpfen, März–Okt. Sa–Do 11 und 14 Uhr, 15 €, keine Reservierung nötig, www.jerashchariots.com; das Jerash Festival mit international besetzten Konzerten, Theater, Folklore, Ende Juli/Anf. Aug., www.jerashfestival.com.jo.

Informationen
Visitor Centre Ajlun (Woodland Reserve), Öffnungszeit und Tel. siehe Ajlun Forest Lodge
Dibeen Forest Reserve, Tel. 07-44547310 oder über die RSCN-Zentrale (siehe S. 155).

1

2

3

4

Ein Refugium für Aussteiger auf Zeit

Sanfter Tourismus – das Naturschutzgebiet von Dana

Wadi Dana bietet das Musterbeispiel für ein nachhaltiges Tourismuskonzept. Naturfreunde auf der Suche nach Stille finden inmitten der grandiosen Gebirgsszenerie ihr Paradies. Und eine Ökolodge vom Allerfeinsten.

Der Logenplatz könnte aussichtsreicher und famoser nicht sein: Wie eine Arena, die dem faszinierten Betrachter eine Inszenierung von der Erschaffung der Erde vor Augen führen soll, hat, wer von dem Dörfchen Dana Richtung Westen schaut, das gleichnamige Wadi vor sich liegen – einen wild zerklüfteten Canyon, der vom Hochplateau mehr als einen Kilometer tief in den Jordangraben abfällt, einer Depression 200 Meter unter dem Meeresspiegel. Der Blick schweift von den bis gut 1600 Meter hohen Gipfeln des Rummana- oder Granatapfelgebirges über bewaldete Hügel und fruchtbare Haine, auf von Wind und Wetter rund geschmirgelte Kuppen, Türme und Wände aus Sandstein bis hinab auf den kieseligen Talgrund. Ganz unten, nahe dem Horizont, lässt sich in der flirrenden Hitze, die im Sommer 45 Grad und mehr erreicht, die von Sanddünen durchsetzte Geröllwüste des Wadi Araba erahnen. Stille herrscht an diesem zauberhaft archaischen Ort, dessen Steinhäuser aus osmanischer Zeit wie Honigwaben an dem Berghang kleben. Nur gelegentlich dringen, vereinzelt und leise, menschliche Stimmen ans Ohr, sonst nur Windrauschen, Vogelgezwitscher. Straßenlärm und die Hektik der Gegenwart sind ausgesperrt, und auch jegliches touristische Getriebe scheint fern, obwohl der Besuchermagnet Petra nur 40 Kilometer entfernt ist und gleich hinter dem nächsten Hügel der King's Highway verläuft.

Viele Generationen lang war Dana eine Bauernsiedlung, deren Bewohner dank guten Weidelands und dreier ergiebiger Quellen recht passabel lebten. Dann, in den frühen 1980er Jahren, wurde ganz in der Nähe eine Zementfabrik eröffnet. Fixe Löhne und der Komfort der neuen, »modernen« Ortschaft Qadisiyeh mit Strom und Wasser in den Häusern ließen viele übersiedeln. Das alte Dorf lag halb verlassen – bis die Royal Society for the Conservation of Nature (RSCN) Anfang der Neunziger seinen kulturellen Wert und das Potenzial des völlig unberührten Wadi Dana erkannte. In der Folge wurde mit Geldern der Weltbank und der UN die Tal-

1 Nichts für fragile Luxuslimousinen: das Wüstensträßchen bei Greigra. **2** Die von Jordaniens Toparchitekt Ammar Khammash designte Wilderness Lodge. **3** Ein Bienenfresser – eine von 215 in Dana heimischen Vogelarten. **4** Drei Jungtiere beim Lunch inmitten der schottrigen Einöde des Wadi Faynan.

1 und **3** Spartanisch-elegant, vor allem aber wildromantisch: Zimmer und Lobby der Faynan Wilderness Lodge. **2** Das Hotel am westlichen Ende des Naturschutzgebiets ist mit dem Auto nur vom Wadi Araba aus zu erreichen. **4** Von Beduinenfrauen Selbstfabriziertes im hoteleigenen Souvenirshop.

landschaft unter strengen Naturschutz gestellt, wurden eine detaillierte Studie ihres Ökosystems erstellt und die dörfliche Infrastruktur modernisiert. Heute ist das Dana Nature Reserve mit einer Fläche von 308 Quadratkilometern als zweitgrößtes Schutzgebiet des Landes nicht nur eines der letzten großräumigen Refugien für bedrohte Arten im gesamten Vorderen Orient, sondern auch ein Juwel für Erholungssuchende und als solches ein Vorzeigeprojekt für erfolgreichen sanften Tourismus.

215 Vogelarten und 38 Gattungen von Säugetieren sind hier zu Hause, außerdem über 700 Pflanzenarten, von denen gut drei Dutzend medizinisch nutzbar sind. Wer nähere Einblicke in Fauna und Flora, aber auch Geologie der Region gewinnen will, kann sich einer von speziell ausgebildeten Rangern geführten Wanderung anschließen. Das ganze Gebiet ist durch markierte Wege erschlossen. Man kann südwärts bis zu der imposanten Kreuzfahrerfestung Shaubak, jenem ersten Stützpunkt der Franken in Oultrejourdain, den Balduin I. im Jahr 1115 bauen ließ, oder gar bis hinüber nach Petra trekken. Solche Touren bieten auch eine hervorragende

Möglichkeit, mit der Bevölkerung Bekanntschaft zu schließen. Die Angehörigen des Atata-Stammes, der hier seit etwa vier Jahrhunderten ansässig ist, gelten als besonders liebenswürdig und gastfreundlich. Zudem erfährt man unterwegs auch Erhellendes über die erstaunlich reiche Siedlungsgeschichte. Immerhin gilt das unten in der Ebene am Westrand des Reservats gelegene Wadi Faynan als eines der ältesten montanistisch genutzten Gebiete der Welt. Schon vor 5000 Jahren hatten die Edomiter hier die auffällige Grünfärbung der Felsen, ein untrügliches Zeichen für einen hohen Kupfergehalt, registriert und dem Gestein mithilfe windbetriebener

Brennöfen das kostbare Metall abgerungen, das sie für die Herstellung von Werkzeugen und Ritualgeräten verwendeten. Nicht zufällig findet man hier auch Fragmente von Mauern, Brücken, Aquädukten als römische Hinterlassenschaften. In frühbyzantinischer Zeit versorgte die hiesige Siedlung Khirbet Faynan einen Großteil der damals bekannten Welt mit Kupfer. Mittlerweile sind die Minen zwar längst außer Betrieb, die labyrinthisch verzweigten Schächte verfallen. Doch die großen Haufen dunkler Schlacke vor ihren Eingängen ist vielerorts noch gut erkennbar.

Die heutige Hauptattraktion des Wadi Faynan bildet ein Hotel, genauer: jene Ökolodge, die Jordaniens Stararchitekt Ammar Khammash in der für ihn charakteristischen, sehr modernen und dennoch auf der Landestradition fußenden Bauweise aus Naturstein, Beton und Glas in die karge Landschaft einpasste. Das ziemlich entlegene, 2005 eröffnete Refugium ist ein Meisterwerk schlichter Eleganz. Nur über eine Schotterpiste erreichbar und ohne Stromanschluss, atmet es die wohltuend unzeitgemäße Atmosphäre eines Klosters beziehungsweise einer alten Karawanserei. Für ein Minimum an Elektrizität sorgt ein mit Solarenergie betriebenes Aggregat. Licht spenden des Nachts ausschließlich Kerzen, deren Flammen verspiegeltes Glas multipliziert. Und natürlich das Sternenmeer auf dem makellos glitzernden Firmament.

Naturschutzgebiet Dana

Anreise
Von Amman auf dem Desert Highway ca. 165 km südwärts; nach dem Dorf Husayniah rechts auf den King's Highway, nach 22 km, kurz nach der Zementfabrik Rashadiyah, an der Kreuzung rechts zum Eingang ins Rummana-Zeltlager, links zum Dorf Dana; nach Faynan: auf dem Dead Sea Aqaba Highway nach ungefähr drei Stunden Fahrt von Amman links in Richtung Greigra (Qureiqura) abzweigen. Die Fahrt von diesem Dorf nach Faynan ist allerdings nur im Geländewagen möglich.

Übernachten und Essen
Faynan Wilderness Lodge, 1. Sept.–30. Juni, pro Raum mit 1–4 Betten: 35–60 €. Ökologisch gebautes Landhaus für Aussteiger auf Zeit, gestaltet von Jordaniens Toparchitekt Ammar Khammash; 26 individuell designte Zimmer, extrem hoher Erholungsfaktor. Gelegen knapp 50 km nördlich von Petra am südlichen Eingang ins Dana Nature Reserve.

Alternativen in unüberbietbar prachtvoller Lage am oberen, felszerfurchten Saum des Wadi: *Dana Guest House* (ganzjährig; 9 Zi. für insgesamt 23 Personen, pro Raum 34–57 €) und *Rummana Campsite* (1. März–31. Okt.; 60 Personen in 20 komfortablen Zelten; pro Zelt 18–49 €). Auskunft und Buchung für alle drei: im Dana Center (s. u.) oder über Wild Jordan, Tel. 06-4616523, www.rscn.org.jo.

Spezialtipp
Der Laden im Besucherzentrum des Dana Nature Reserve im gleichnamigen Dorf ist ein idealer Ort, um sich mit Konfitüre, Dörrfrüchten und biologisch angebauten Lebensmitteln aus den angrenzenden Gärten, aber auch mit Töpferarbeiten, Silberschmuck und anderen vor Ort hergestellten Souvenirs einzudecken. Damit lässt sich nicht nur der Familie und den Freunden daheim eine Freude machen. Auch die örtliche Bevölkerung, insbesondere Frauen, profitieren von dem Kauf und werden so bestärkt, ihre altbewährte, nachhaltige Lebensform zu pflegen.

Informationen
Dana Center, Tel. 03-2270497/8, Fax 2270499, dhana@rscn.org.jo

1

2

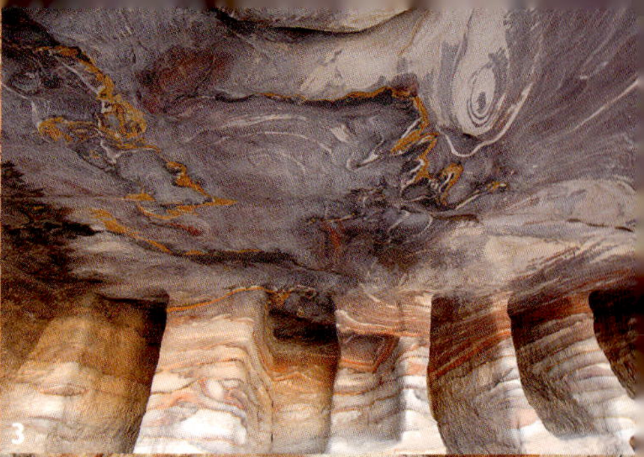
3

4

Vermächtnis eines Händlervolks

Petra – die Felsenstadt als Fünf-Sterne-Attraktion

Die zwischen Totem und Rotem Meer gelegene ehemalige Hauptstadt der Nabatäer ist mit Abstand Jordaniens spektakulärste Sehenswürdigkeit. Ihre Besichtigung vereint das Studium grandioser Kulturdenkmäler der Antike mit dem Erlebnis einer einzigartigen Gebirgslandschaft.

Sie gelten als die größte Touristenattraktion des Landes und werden nicht zufällig bisweilen als achtes Weltwunder der Antike bezeichnet: Die Reste der altehrwürdigen Handels- und Königsstadt Petra sind jene Sehenswürdigkeit, auf die die Wahl fallen müsste, hätte man in Jordanien nur für eine einzige Besichtigung Zeit. Mit gutem Grund ist die etwa drei Autostunden südlich von Amman hoch über dem Wadi Araba in 950 Metern Höhe gelegene Ruinenstätte schon seit 1985 Weltkulturerbe der UNESCO. Was ihren speziellen Reiz ausmacht? Die Kombination aus grandiosen Baudenkmälern der Antike inmitten einer nicht minder grandiosen Gebirgslandschaft. Hunderte von Gräbern, Tempeln und Opferplätzen, dazu ein ausgefeiltes, mit Dämmen ergänztes System von Wasserkanälen meißelten die Nabatäer, die um die Zeitenwende von hier aus kurze Zeit ein Reich von beträchtlicher Größe regierten, mit Erfindungsgeist und größtem Geschick in den weichen, rötlichen Sandstein. Über mehr als zehn Quadratkilometer erstrecken sich die steinernen Hinterlassenschaften dieses von Geheimnissen umrankten Volkes, das, obwohl auch als Viehzüchter, Wein- und Olivenbauern aktiv, seinen Wohlstand hauptsächlich den Zöllen verdankte, die es den durch ihr Gebiet ziehenden Karawanen abverlangte, später dann auch selbst im großen Stil das Transportgeschäft betrieb.

Als Drehscheibe des Welthandels hatte die Arabische Halbinsel bereits lange vor der Antike fungiert. An ihrer Südküste und im Norden des heutigen Somalia wurde der so wertvolle Weihrauch gewonnen und die kaum weniger teure Myrrhe geerntet. Schon die Untertanen der Königin von Saba und deren Nachbarn aus den angrenzenden Vasallenreichen zogen aus diesem natürlichen Reichtum Profit. Sie organisierten auf Handelswegen, die von Südarabien über das jemenitische Bergland und durch den Hedschas bis ans Mittelmeer führten, den Nachschub und betätigten sich außerdem als Zwischenhändler für Güter aus Indien.

1 Die Bergwelt rund um Petra ist von biblischer Dramatik. **2** Bodenmosaik in der frühchristlichen Kirche. **3** Typisch: die marmorierten Felsformationen und Maserungen im Gestein. **4** Das gewaltige Urnengrab wurde mitsamt den Säulen aus dem Berg gemeißelt.

2

3

Um 300 v. Chr. entstand dann im Norden Arabiens ein in seiner Art einmaliger Karawanenstaat: Das Wüstenvolk der Nabatäer war infolge des Vordringens der Perser in Richtung Levante und der durch die babylonische Gefangenschaft der Juden ausgelösten lokalen Völkerwanderungen in das Gebiet zwischen Aqaba und dem Toten Meer geströmt und dort nach und nach sesshaft geworden. Angeführt von Königen mit Namen wie Aretas oder Malichus schufen sie während ihrer Blütezeit einen Sicherheitskordon mit Wachposten, bewachten Brunnen und legten an den Kreuzungen der Karawanenwege Warendepots an. In der Oase Hegra, die heute auf saudi-arabischem Staatsgebiet liegt und Madain Saleh heißt, übernahmen sie das duftende Räucherwerk, aber auch Seiden, Gewürze und andere exotische Waren, die teilweise sogar aus China kamen, von den Südarabern. Von dort schleppten ihre Kamelkolonnen es in 30 bis 40 Tagesmärschen entweder über die Weihrauchstraße bis zu den Häfen Gaza oder Rhinocolura, dem späteren El Arish, oder tief im Landesinneren durch das Wadi Sirhan nach Bosra und Damaskus.

Um Christi Geburt erreichte der nabatäische Staat seine größte Ausdehnung, ohne eigentliche Grenzen, ohne Steuerpflichten, soziale Unruhen und mit nur wenigen Sklaven – ein ungewöhnlich friedsamer Staat, dessen Streben einzig dem Gewinn durch Handel

1 Die moderne Siedlung Petra. **2** Eine Nebenstraße durch die Shala-Berge. **3** Der Siq, die Schlucht, durch die man Petra betritt, ist stellenweise nur zwei bis drei Meter breit und von bis zu 70 Meter hohen Felswänden gesäumt. **4** Die Blockgräber im Bab es Siq. **5** Eines von unzähligen von den Nabatäern in den Fels gemeißelten Gräbern.

galt und dessen Stärke darin bestand, sich das Handelsmonopol zwischen Erzeugern und Verbrauchern zu sichern. Der Erfolg dieser Strategie geriet erstmals 64 v. Chr. in Gefahr, als die Römer in den Norden der Arabischen Halbinsel vordrangen und zugleich die Schifffahrt auf dem Roten Meer forcierten. Endgültig verloren die Nabatäer ihr Monopol im Jahr 106, als Rom ihr Reich komplett annektierte und es der »Provincia Arabia« eingliederte. Parallel begannen diverse Nomadenstämme aus dem Inneren Arabiens, den dortigen Landtransport selbst in die Hand zu nehmen.

Das meiste, das heute in Petra zu finden ist, stammt von den Nabatäern. Doch weiß man, dass die Gegend – vor allem wohl dank der ergiebigen, nur ein paar Kilometer entfernten Quelle bei Ain Musa – schon mindestens 6000 Jahre vor ihnen bewohnt war. So sind noch heute in Klein-Petra, ein Stückchen nördlich der Hauptfundstätten, Überreste einer prähistorischen Niederlassung zu besichtigen. In der Eisenzeit, etwa zwischen dem 12. und dem 6. Jahrhundert v. Chr., war die Gegend von den Edomitern bewohnt. Diese aramäisch sprechende Urbevölkerung siedelte vorwiegend auf den

1

2

Hügeln um Petra, abseits jenes zentralen Bergkessels, den später die Nabatäer wählen sollten. Die Edomiter waren zwar in der Bearbeitung von Stein nicht bewandert, stellten aber erstklassige Töpferwaren her – eine Kunst, die sie ihren Nachfolgern offensichtlich vererbten. Denn ein kürzlich im Wadi Musa zutage geförderter Brennofen lässt den Rückschluss zu, dass Petra bis zum Ende des 3. Jahrhunderts auch als ein regionales Zentrum für die Keramikherstellung fungierte.

Auch nach den Nabatäern florierte Petra weiter. Ja, es wurde durch für die Römer typische Architekturformen ausgebaut: So erweiterten die Römer als die neuen Herren der Stadt das Theater, pflasterten die Kolonnadenstraße und errichteten über dem Zugang zur Stadt einen Triumphbogen. Kaiser Hadrian, der die Stadt im Jahr 131 n. Chr. besuchte, benannte sie nach sich selbst – Hadriane Petra. Als sich schließlich im gesamten Byzantinischen Reich das Christentum ausbreitete, wurde Petra Bischofssitz und so manches Urnengrab zur Kirche umfunktioniert. Jüngste Ausgrabungen haben drei Gotteshäuser zutage gefördert, von denen eines mit einem farbigen Mosaikboden verziert ist. Nicht lange nach der Machtübernahme der Omajjaden in Damaskus (661) brachten mehrere heftige Erdbeben das Ende dieser einst so einflussreichen Stadt. Zwar belegen Funde, dass das Ruinengelände immer wieder einmal Karawanen als Rastplatz diente. Aber es sollten mehr als 600 Jahre vergehen, bis der junge Schweizer Abenteuerreisende und Koranwissenschaftler Johann Ludwig Burckhardt am 22. August 1812, als Araber verkleidet, das geschichtsträchtige Gelände einen Tag lang durchwanderte, dabei Planskizzen anfertigte und so die nabatäische Hauptstadt für das Abendland wiederentdeckte.

Man kann in Petra mühelos mehrere Tage verbringen, ohne sich zu langweilen. Empfehlenswert ist, in einem der qualitätvollen Hotels nahe dem Eingang zu übernachten. Von der Dachterrasse bestaunt man dann abends den Sternenhimmel und versetzt sich so in eine milde morgenländische Stimmung. Und am Morgen stapft man los – an mehreren merkwürdigen Grabbauten vorbei, hinein in den Siq, jene legendäre, schmale Schlucht, die seit alters den Hauptzugang in die Metropole bildet. Wer es besonders bequem liebt, kann sich in einem Pferdewägelchen befördern lassen oder auch reiten. Ansprechender ist freilich der Fußmarsch. Zum einen, weil man so mit Muße die Vielfalt und Schönheit der Felsformationen genießt, jenes durch tektonische Kräfte geschaffene Geflecht aus welligen, von Querrillen durchbrochenen Längsmustern und feinst verästel-

5

6

4

1 und **2** Das Schatzhaus, genannt Khazne Faraun, erhebt sich am Ende des Siq. Von hier aus kann man kurze Kamelritte unternehmen. **3** und **4** In Petra wurden auch römische Mosaike gefunden. **5** Im Äußeren Siq warten ebenfalls höckrige Vierbeiner auf zweibeinige Last. **6** Vom Visitor's Centre aus kann man auch durch den Siq reiten.

ten Gesteinsäderchen, deren Farben in allen Schattierungen, von Grau über Hellbraun bis zu leuchtendem Rostrot changieren und stellenweise sogar gelbliche, bläuliche und grünliche Töne enthalten; zum anderen, weil man dabei erst richtig erkennnt, welch technische Meisterleistung die Nabatäer hier vollbrachten. Der leicht abschüssige Weg windet sich um den von Wind und Wasser anmutig geschliffenen Fels, in den, ein bis zwei Meter über dem Boden, ein Bewässerungskanal gehauen wurde. Mit welch großem Raffinement die »Ingenieure« vor 2000 Jahren vorgingen, offenbarte die Katastrophe, die sich 1964 hier ereignete: Damals kamen im Siq 30 französische Touristen in einer durch plötzliche Regenfälle ausgelösten Flutwelle um. Erst seit man in den späten neunziger Jahren das ausgeklügelte Schutzsystem der Antike wieder herstellte, sprich: erneut ein Wehr errichtete und den Tunnel zur Ableitung plötzlich anschwellender Wassermassen reaktivierte, ist die Sicherheit selbst bei heftigen Gewittern wieder gewährleistet.

Nach einem etwa halbstündigen Spaziergang folgt die erste theatralische Architekturinszenierung: Am Ende der stellenweise gerade zwei bis drei Meter breiten, von bis zu 70 Meter hohen Wänden gesäumten dämmrigen Schlucht, die übrigens im Altertum mit Kalksteinplatten gepflastert war, fällt der Blick auf das sogenannte Schatzhaus des Pharao »Khazne Faraun«. Fast 40 Meter hoch, 28 Meter breit und von der Säulenbasis bis zur bekrönenden Urne in einem Stück aus dem Fels gemeißelt ist dieses Prachtexemplar

1 und **2** Die Lobby des Mövenpick Hotel in Petra mit ihrem Prunkstück, dem aus Messing getriebenen Leuchter. **3** Das Büfett und der dafür verantwortliche Chef. **4** Rustikal, stilecht und komfortabel: Zimmer im Hotel Taybet Zaman.

antiker Repräsentationsarchitektur. Es ist ein Paradebeispiel für den kreativen Eklektizismus, dessen sich ihre Schöpfer anno dazumal befleißigten. Hier finden sich klassische Elemente wie die sechs korinthischen Säulen samt Attika und Giebel auf das Anmutigste mit nabatäischen Kapitellen, mesopotamischen Zinnen und auch phönizischen Formen kombiniert. Hinzu kommt der so reichhaltige wie vielgestaltige Schmuck aus Götterstatuen, Tierskulpturen und mythologischen Figuren.

Angesichts des »Schatzhauses« beginnt freilich auch das Rätseln um Alter und Zweck von Petras unzähligen aus dem Fels gehauenen Fassaden und Kammern. Handelt es sich um ein Mausoleum, einen Tempel oder ein Grab? Und wurde die Anlage, die Steven Spielberg als Kulisse für die letzte Szene seines Abenteuerstreifens »Indiana Jones und der letzte Kreuzzug« diente, tatsächlich im 1. Jahrhundert v. Chr. oder doch erst im 2. Jahrhundert n. Chr. errichtet? Die Expertenmeinungen weichen voneinander ebenso ab wie bei etlichen anderen der mehr als 800 überwiegend mit Fantasienamen versehenen Denkmäler.

Wer für die Erkundung Petras zwei, drei Tage eingeplant hat, wird auf ausgedehnten Wanderungen vielen der faszinierenden Felsengräber, Kultorte und auch Profanbauten die Parade abnehmen. Zunächst gilt es im Äußeren Siq die »Straße der Fassaden« mit ihren teilweise schlichten, strengen, teilweise geradezu barocken Formen abzuschreiten. Dahinter erhebt sich das mit 3000 Sitzplätzen ausgestattete Theater, von dem man über eine Treppe die zwölf kolossalen Mausoleen der sogenannten Königswand erreicht. Im Zentrum des Talkessels finden sich beiderseits des Cardo Maximus,

der antiken Kolonnadenstraße, die Relikte römischer Repräsentationsbauten – des Nymphäums, des Forums, diverser Tempel, Bäder, aber auch Teile von Häusern und Palästen, Läden und Markthallen. Streckenweise schweißtreibende Anstiege über steile Treppen führen auf die umliegenden Felsterrassen und -kuppen, wo weitere Kultstätten warten. Höhepunkte: der »Hohe Opferplatz« auf dem Djebel Madbah und der über den einstigen Prozessionsweg durch das Wadi Musa in etwa dreiviertelstündiger Wanderung, vorbei am sogenannten Löwengrab, erreichbare Grabtempel Ed Deir, dessen 45 Meter hohe, 50 Meter breite und von einer 9 Meter großen Urne bekrönte Fassade in ihrer Monumentalität sogar noch jene des Khazne Faraun in den Schatten stellt. Von dort erblickt man nicht nur jenen kleinen weißen Schrein, den vor gut 700 Jahren ein mameluckischer Sultan hoch droben, auf dem Djebel Haroun, zum Gedenken an den Tod Aarons, des Bruders von Mose, errichten ließ. Man sieht überhaupt die gesamte Gebirgsszenerie, in die Petra gebettet liegt, gleichsam in Breitwand-Cinemascope vor sich liegen und versteht spätestens jetzt, weshalb dieser Ort 2007 von einem globalen Publikum bei einer digitalen Umfrage, der ersten derartigen übrigens, zu einem der »neuen sieben Weltwunder« gekürt wurde.

Petra – die einstige Metropole der Nabatäer

Anreise
Von Amman aus im Mietwagen oder JETT-Bus 235 km über den vierspurigen Desert Highway oder, zeitaufwendiger, jedoch landschaftlich lohnender, über den historischen Königsweg (King's Highway). Von Aqaba nordwärts (ebenfalls mehrmals täglich Busservice) sind es 145 km. Zufahrt aus beiden Richtungen über die Ortschaft Wadi Musa.

Übernachten
Taybet Zaman, Wadi Musa, Taybeh, 9 km von Petra, Tel. 03-2150111, reservation@taybetzaman.com, p. P. ab 45 €. Sehr malerische, stilvolle Anlage in Form eines traditionellen Dorfs mit 95 Häusern, Handwerker-Suq, Pool, Hammam, zeitgemäßer Komfort und Service.
Mövenpick, Tel. 03-2157111, www.moevenpick-petra.com, p. P. 70 €. Wunderschön im Damaszener Stil gestaltetes Hotel in unmittelbarer Nähe des Visitor Centre, grandiose Lobby, Restaurants, Wellnessbereich und Freizeitangebot auf höchstem Niveau.

4

In der Ortschaft Wadi Musa finden sich zahlreiche tadellose und sehr preiswerte Hotels.

Essen
Petra Kitchen, P.O.Box 40, Petra, Tel. und Fax 03-2157900, kitchen@petramoon.com. Ein gastronomisches Erlebnis der originellen Art: Urlauber lernen unter Anleitung einheimischer Kochprofis die Zubereitung jordanischer Spezialitäten. Anschließend wird das Fabrizierte gemeinsam in gemütlichem Ambiente verspeist. Abendlicher Kochworkshop: 30 € p. P., auch als Fünf-Tages-Paket buchbar.

Spezialtipp
»Petra by night«, jeden Mo und Do um 20.30 Uhr kann man auf von Kerzen beschienenem Weg zum Siq und weiter bis zum Schatzhaus spazieren. Dort warten Tee, ein Musiker, ein Märchenerzähler und der Schein Aberhunderter Kerzen. Ein unvergessliches Erlebnis! 12 € p. P.; Infos im Visitor Centre (s. u.). Vis-à-vis für einen spätabendlichen Drink empfehlenswert: die in einer antiken Grabanlage installierte *Cave Bar*.

Informationen
Visitor Centre, direkt am Eingang, Tel. 03-2156020, www.petranationaltrust.org, tgl. 7–22 Uhr; Zugang ins Gelände: tgl. 6–17, winters bis 16 Uhr. Tickets für 1, 2 oder 3 Tage: 21, 26, 31 €.

1

2

3

4

Eine Wüstenkulisse wie im Traum

Auf den Spuren von Lawrence of Arabia durch das Wadi Rum

Der Besuch des östlich von Aqaba gelegenen Naturschutzgebiets ist ein absolutes Muss. In dem weit verzweigten Trockental mit seinen rosaroten Dünen, Gipfeln und Canyons erlebt man das Wesen der Wüste von seiner spektakulärsten und fotogensten Seite.

Es zählt ohne Zweifel zu den berühmtesten Landschaften der Filmgeschichte: jenes, nahe der Grenze zu Saudi-Arabien gelegene Felsental, durch das Regisseur David Lean, fast ein halbes Jahrhundert ist es nun schon her, Peter O'Toole alias Lawrence of Arabia mit seinen beduinischen Brüdern gegen die Türkenarmee anreiten ließ. Und mit Sicherheit zählt dieses Wadi Rum zu den weltweit faszinierendsten Wüstengebieten, in die man als gemeiner Tourist bequem gelangen kann. Es empfängt den staunenden Gast mit kolossalen Klippen, die in vielerlei Farbnuancen schillern und, oft senkrecht bis zum Überhang, Hunderte Meter hoch – im Fall des Djebel Rum sogar 1754 Meter – in den meist wolkenlosen Himmel ragen. Dazwischen, in den weiten Wadis, erstreckt sich ein Meer aus goldenem Sand, vereinzelt stehen Dornbüsche, ansonsten Leere – eine wahre Bibelkulisse in Cinemascope.

Entstanden ist diese einzigartige Szenerie vor etwa 30 Millionen Jahren im Zuge derselben tektonischen Katastrophe, die auch den Großen Ostafrikanischen Grabenbruch, der von Syrien über das nahe Tote und Rote Meer durch Äthiopien bis nach Kenia verläuft, hervorgebracht hat. Ihre heutigen bizarren Formen, die mächtigen Schrunden und Risse und Knollen verdanken die Sandsteingipfel und der darunter aufgefaltete Granit der in diesem harschen Klima extremen Erosion. 1988 wurde das Wadi Rum zum Naturschutzgebiet erklärt, das inzwischen 720 Quadratkilometer misst und, durch die Weltbank mitfinanziert, von der »Königlichen Gesellschaft zur Bewahrung der Natur« (Royal Society for the Conservation of Nature, RSCN; siehe Infokasten auf S. 155) nach modernsten Methoden verwaltet und auch vermarktet wird. Die Möglichkeiten, diesen grandiosen, in einen frei und einen aus ökologischen Gründen nur sehr begrenzt zugänglichen Teil gegliederten Landstrich zu erkunden, sind mannigfach. Das Gros der Programme, die das Visitor Centre im Eingangsbereich anbietet, ist auf Kurzbesucher zugeschnitten, die en masse für einen Tag aus Aqaba

1 Stille und Weite pur – der Blick kann bis nach Saudi-Arabien schweifen. **2** Nichts für ungeübte Fahrer: tiefe Spuren im weichen Sand. **3** Behutsam in die Landschaft gefügt – die Zelte eines Desert Camps. **4** Die Felsbrücke – ein Werk äonenlanger Erosion.

1 Unterwegs in einem der Seitentäler mit dem Jeep – Ökologen rümpfen bei diesem Anblick wohl die Nase. **2** Das Visitor Centre, im Hintergrund die von Lawrence of Arabia als »Sieben Säulen der Weisheit« getaufte Felsformation. **3** Touristencamp inmitten einer Traumkulisse. **4** Ein Fremdenführer, der mit der Wüste auf Du und Du steht.

oder Petra anzureisen pflegen. Sie können Ballon fahren, von den Kämmen der Dünen hinab sandboarden oder, was die überwiegende Mehrheit praktiziert, sich von Einheimischen in vierradgetriebenen Wagen durch die Gegend chauffieren lassen. Wer länger Zeit hat, findet etwa ab März, eine gewisse Hitzeresistenz vorausgesetzt, als Trekker auf mehrtägigen Wanderungen oder als Kletterer seine Herausforderung. Auch Mountainbiketouren werden angeboten. Am angemessensten jedoch nähert man sich diesem Naturwunder auf dem Rücken eines Kamels. Zwei, drei Tage im Passgang durch diese Traumwelt zu schaukeln, bedeutet eine intensive Reise zurück durch die Zeit und zugleich zu sich selbst.

Schon der erste Anblick der Tragtiere stimmt heiter. Mit gespreizter Würde und blasiertem Blick, wie alte, englische Damen beim Tee, sitzen sie da, malmen, die schorfigen Beine Liegestühlen gleich eingeklappt, mit morschen Zähnen vor sich hin. Nachdem man ihren Höcker erklommen und der Führer sie mit scharfem Zischlaut zum Aufstehen gezwungen hat, wird man von den Vierbeinern zunächst, so scheint es zumindest, mit Verachtung gestraft. Ein paar Minuten bullerndes Murren, Schaum vor dem Maul. Doch bald kehrt Friede ein. Der Parkplatz im Eingangsbereich ist mit Reisebussen vollgeparkt. Aber schon ein kurzer Fußmarsch genügt, um dem Rummel zu entkommen. Und weiter drinnen im Wüstental herrscht Stille und sind höchstens der Schrei eines Falken oder Bussards und das leise Knirschen des Sandes unter den schwieligen Sohlen der Kamele zu hören. Zwar beginnen nach zwei, drei Stunden Hintern und Hüften ob des ungewohnt wiegenden Aufs und Abs zu ziehen, doch was zählen solche Wehwehchen angesichts dieser Szenerie?

»Es waren keine geschlossenen Felsriegel, sondern einzelne Blöcke, die gleich riesigen Bauwerken zu beiden Seiten des Weges standen«, schwärmte T. E. Lawrence in den »Sieben Säulen der Weisheit«. Der bleiche Spion aus Britannien, der bekanntlich im Ersten Weltkrieg im Auftrag Londons die Arabischen Stämme einte (und sie damit letztlich aufs Bitterste betrog) sah »gewaltige, von feinen Rissen und Furchen wie mit Ornamenten bedeckte Buchten und Apsiden, welche die Erosion in die Wände geschliffen hatte. Die einzelnen Abschnitte waren gekrönt von hochgewölbten Gipfeln,

gleich Gruppen von Domkuppeln, die den Eindruck byzantinischer Architektur vervollkommneten.« Der spirituellen Kraft dieser Traumlandschaft kann sich niemand entziehen. Hie und da freilich holt der Führer die Fremden ins Diesseits zurück, weist sie auf Spuren seltener Eidechsen und Schlangen hin, führt sie zu einer verborgenen Quelle, zum Rest eines römischen Forts oder eines Tempels der Nabatäer, die auch hier vor 2000 Jahren wohnten, Handel trieben und ihrer Göttin Allat huldigten. Oder er zeigt ihnen prähistorische Ritzzeichnungen sowie Inschriften in nabatäischer, minäischer oder thamudischer Schrift – Zeugnisse jener Handelskarawanen, die, unterwegs zwischen Jemen, Hedschas und dem Mittelmeer, hier durchkamen, und von denen es an den Füßen mancher Felswände geradezu wimmelt. Und natürlich besucht man bei solch ausführlichem Rundritt auch die klassischen Sehenswürdigkeiten wie den Burrah- und den Khazali-Canyon, die Schlucht Siq Umm Tawayi und Al Ghuroub, den besten Platz, um das Sonnenuntergangspanorama zu genießen, sowie schließlich »Lawrences Quelle« im Wadi Shallaleh.

Nicht jedoch vergessen sollte man, gleich in der Nähe des Besucherzentrums, die spektakuläre, nach Lawrences Bestseller benannte Felsformation, die »Sieben Säulen der Weisheit«!

Wadi Rum

Anreise/Route
Mit dem (Miet-)wagen: von Amman über den King's Highway. 10 km südlich der Kleinstadt Quweira, knapp 50 km vor Aqaba führt eine Asphaltstraße ostwärts zum Visitor Centre bzw. zu den Dörfern Disi und Rum.
Mit Bus oder (Sammel-)Taxi von Amman nach Jerash (ca. 60 Min.), Ajlun (ca. 90 Min.), Irbid (100–120 Min.), von Irbid nach Umm Qeis (ca. 45 Min.).

Attraktionen
Burrah- und Khazali-Canyon, die Schlucht Siq Umm Tawayi, »Lawrence's Quelle« im Wadi Shallaleh, für Sonnenuntergänge: Al Ghuroub, Felsformation der »Sieben Säulen der Weisheit«, Felsinschriften und Ritzzeichnungen aus prä- und frühhistorischer Zeit u. v. m.

Aktivurlaub
Wanderungen, Kamel- und Pferderitte, Fahrten im Geländewagen, Felsklettern, Vögel beobachten, Felszeichnungen studieren, Sterne schauen, Meditieren und Entspannen.
Ein- und mehrtägige geführte Exkursionen per Kamel, Pferd, zu Fuß oder im Jeep. Infos und Buchung: Visitor Centre (s. u.).

Übernachten
Im Wadi Rum gibt es keine Hotels. Im Schutzgebiet selbst stehen hauptsächlich Zeltplätze mit schlichter Infrastruktur zur Verfügung. Auf Komfort gewöhnte Romantiker warten – mehrheitlich außerhalb, nahe dem Dorf Disi – bewirtschaftete, gut ausgestattete Camps mit Zelten aus Ziegenfell im Beduinenstil, Dusch- und Toilettenanlagen. Zum Beispiel: *Captain's Camp,* nahe Disi, 12 km östlich von der Abzweigung zum Visitor Centre, Tel. 03-2016905, www.captains-jo.com, 28 € p. P. mit Halbpension. Gepflegte Anlage mit Zwei-Personen-Schlafzelten aus wasserdichtem Ziegenhaar, gute Küche, authentisches Flair mit Lagerfeuerbereich, professioneller Service, auch für Trekking-, Jeep- und Kameltouren.

Essen
Resthaus/Rum Gate, im Wadi Rum Visitor Centre, Tel. 03-2015995, www.captains-jo.com, tgl. 7–19 Uhr. Arabische Küche »bedouin style« unmittelbar am Eingang in den Nationalpark. Büfett mit Mezze, mehreren warmen Hauptgerichten, Desserts.

Spezialtipps
Im *Heißluftballon* (p. P. ca. 140 €) oder im Ultraleichtflieger (auch im Tandem; ab 55 €/Std.) über die Wüste, Kontakt: Royal Aero Sports Club (RASCJ), Tel./Fax 06-4873261, www.fly.to/rpacj.
»Distant Heat«: Seit 2002 geben sich am letzten Wochenende im Juli Tausende Tanzwütige zu Füßen der Sieben Säulen beim größten Techno-Festival des Nahen Ostens ein Stelldichein. Shuttlebus nach Aqaba bzw. Quartier vorhanden. Ticket inkl. Verpflegung und Afterparty in Aqaba: 100 US-Dollar. Info: www.distantheat.com

Informationen
Visitor Centre, c/o Aqaba Special Economic Zone Authority (ASEZA), Tel. 03-2090600, Fax 2032586, www.wadirum.jo oder über die RSCN-Zentrale.

1

2

3

4

Am Toten und am Roten Meer

Badefreuden zwischen Hammamet Main und Aqaba

Weltberühmt ob der Heilkraft seines Salzwassers und Schlamms ist das Tote Meer, an dessen Ostufer immer mehr luxuriöse Spas auch anspruchsvolle Touristen verwöhnen. Und die faszinierende Unterwasserwelt vor Aqaba lockt Tauchfans aus aller Welt an.

Das Wüstenland Jordanien erwartet Reisende nicht nur mit einem reichhaltigen kulturellen Erbe sowie grandiosen Sand- und Felsszenerien, sondern auch mit aquatischen First-Class-Vergnügungen. Ein ganz spezielles Erlebnis bietet Freunden warmen Wassers das Tote Meer: Dieses fast 55 Kilometer lange, durchschnittlich etwa 10 Kilometer breite und bis zu 430 Meter tiefe Gewässer liegt 400 Meter unter dem Meeresspiegel – seine Ufer damit tiefer als jeder andere trockene Punkt der Erde. Gespeist wird das Tote Meer vom Jordan sowie zahlreichen Quellen. Doch verfügt es über keinerlei Abflüsse. Wegen der hohen Verdunstung und in letzter Zeit verstärkt auch, weil man dem Jordan das kostbare Nass am Oberlauf für die Trinkwasserversorgung und die Bewässerung von Feldern entnimmt, ist das Tote Meer binnen nur einer Generation um ein Drittel geschrumpft, sein Pegel sinkt mittlerweile jährlich um einen Meter. Heute bedeckt das Tote Meer nur noch eine Fläche von 600 Quadratkilometern und gilt mittelfristig in seinem Bestand als gefährdet. Abhilfe erhoffen sich manche Experten durch einen Kanal, der aus dem 300 Kilometer entfernten Roten Meer Wasser zuführen soll. Ein solcher Zufluss ließe sich, so der Plan, der schon seit Längerem in den Schubladen der zuständigen Behörden parat liegt, dank seines Gefälles auch zur Energiegewinnung nutzen, würde allerdings Milliardensummen kosten und ist zudem unter Ökologen sehr umstritten.

Was das so geschichtsträchtige Binnenmeer auch einzigartig macht, sind die besonderen Eigenschaften seines Wassers. Der Salzgehalt beträgt über 30 Prozent – mehr als zehn Mal so viel wie der des Mittelmeers. Ergo gedeiht in ihm, wenige Bakterien und eine Handvoll extrem resistenter Pflanzen ausgenommen, nichts Organisches. Badende können sich aufgrund des großen Auftriebs ohne die geringste Anstrengung auf dem Rücken treiben lassen und dabei – für den obligaten Fotoschnappschuss – sogar Zeitung lesen. Ernsthaft schwimmen kann man nicht, da man zu weit aus

1 Das Ostufer des Toten Meeres ist nur an wenigen Stellen grün. **2** Die Quellen bei Hammamet Main sind 60 Grad heiß und äußerst mineralhaltig. **3** Poolrand mit Meeresblick im Mövenpick Resort & Spa. **4** Salzablagerungen wie diese säumen vielerorts die Küste des Toten Meeres.

1

2

3

dem Wasser ragt. Zurück an Land gelangt man am besten in Hockstellung. Der starke Salzgehalt hat freilich auch Schattenseiten: Die kleinsten Kratzer brennen wie wild, ein in die Augen verirrter Tropfen verursacht minutenlange schmerzhafte »Blindheit«, Wasser in der Lunge bedeutet selbst in kleinen Mengen Lebensgefahr, und am Ufer verursachen die scharfkantigen Krusten bei barfüßig Gehenden nicht selten Schnittverletzungen. Zudem ist die Haut, sobald man die Fluten verlässt, rasch mit einer unangenehm juckenden Salzschicht überzogen. Ein dringliches Gebot lautet darum: Nie ins Wasser, wo nicht sofort nach dem Bad eine Dusche oder Quelle Süßwasser garantiert!

Neben dem Salz enthält das Tote Meer, ebenfalls in hoher Dosis, etliche Mineralien. Sie haben heilende Wirkung, insbesondere bei Hauterkrankungen wie Neurodermitis und Schuppenflechte. Kurtourismus ist deshalb seit Langem schon von beträchtlicher Bedeutung. Ein Zentrum dafür – und einen Höhepunkt jeder Jordanienreise – bildet die Oase Hammamet Main. Die zahlreichen Quellen, die dort aus dem Boden sprudeln, spülen in ihrem bis zu 60 Grad heißen Wasser jede Menge Soda, Schwefel, Kalzium, Brom, Natrium und Magnesium mit an die Oberfläche. Die Liste der Indikationen ist dementsprechend lang und reicht von Arthritis über Atem-, Haut-, Kreislauf- und Verdauungsbeschwerden bis zu Rheumatismus. Noch intensivere therapeutische Wirkung wird übrigens jenem grauen Schlamm zugeschrieben, den sich Verjüngungswillige entlang den Ufern des Toten Meeres gern auf die Haut packen. In Hammamet Main wird das Badevergnügen durch die – pittoreske – Tatsache erhöht, dass das Thermalwasser über haushohe, mit Kalksinter überzogene Felswände stürzt und sich, ehe es ins Tote Meer abfließt, in natürlichen Becken sammelt. Darin lässt sich, teilweise gleichsam von einer warmen Dauerdusche massiert, herrlich entspannen. Die spektakulärsten Kaskaden werden abends sogar mit Scheinwerfern angestrahlt.

Im Amman Beach Resort von Suweima, einem altgedienten Strandbad in der Nordostecke des Toten Meeres, geht es bodenständig zu. Seine öffentlichen Duschen und Toiletten, Spielplätze und Snackbars werden an den Wochenenden gern von Großfamilien aus der eine Dreiviertelstunde entfernten Hauptstadt frequentiert. Als ungleich luxuriöser im Ambiente und im Service erweisen sich die Hotelanlagen Marke Kempinski, Marriott und Mövenpick, die in den letzten Jahren einige Kilometer südlich aus dem Boden

gewachsen sind. Sie nennen allesamt ausgedehnte, mit höchstem Raffinement gestaltete Spa-Resorts ihr Eigen, die jedoch von ganzheitlich denkenden Ökologen ob ihres exorbitanten Wasserverbrauchs aufs Heftigste kritisiert werden. Während des Sechstagekriegs, 1967, verlief hier am Ostufer die Front zwischen Jordanien und Israel. Danach war die Zone lange vermint und mit Stacheldraht verbaut.

Impressionen aus dem Mövenpick Resort & Spa, einem von mehreren in den letzten Jahren trotz akuten Wassermangels am Ostufer des Toten Meeres entstandenen Luxus-Thermalhotels. **1** und **3** Der zentrale Poolbereich. **2** Valley Café & Bar. **4** Infinity-Pool mit Blick auf Jericho und die Berge bei Qumran. **5** Spa-Badelandschaft. **6** Suite.

Einen gehörigen Adrenalinschub garantiert der Besuch im Wadi Mujib, östlich des Toten Meeres: 400 Meter tief und vier Kilometer breit klafft dort eine gewaltige Schlucht, Jordaniens »Grand Canyon«. Mehr als 20 Kilometer benötigt der King's Highway, der legendäre, natürlich längst zum breiten Asphaltband erweiterte Königsweg, um sich in unzähligen Haarnadelkurven zu dessen Grund hinab- und auf der gegenüberliegenden Seite wieder hinaufzuwinden. Der Arnon, das tief im Tal mäandrierende Bächlein, bildete in biblischer Zeit die Grenze zwischen dem Reich Davids und Moab. Heute ist das Wadi Mujib ein Naturreservat und ein Dorado für Abenteuersportler. Wasserfallklettern, Trekking- und Canyoningtouren vom Feinsten verspricht der Prospekt. In einer Tagesexpedition kann man vom schroffen Bergland durch das Wadi hinab bis zum Toten Meer wandern und zum krönenden Abschluss die Nacht im Zeltlager auf der Halbinsel Madash verbringen. Als Alternative bieten sich Schlammpackungen und Ther-

1–3 Der Poolbereich des Mövenpick Resort in Aqaba. **4** Schlafraum in einer Suite. **5** Strandliegen mit Exklusivblick auf Eilat und die ägyptische Küste des Sinai bis in die Gegend von Dahab.

malbäder sowie Fahrten entlang dem Meerufer im solarbetriebenen Glasbodenboot.

Auf den Spuren der Bibel wandeln lässt sich ein Stück südlich. Dort, wo die Halbinsel El Lisan tief in das Tote Meer hineinragt, befanden sich, so behaupten zumindest die Einheimischen, die beiden berühmt-berüchtigten Stätten Sodom und Gomorrah. Zu sehen gibt es an der Stelle unweit der heutigen Ortschaften Numeira und Bab edh Dhra allerdings wenig: viel Salz und Schwefel und jene Säule, in die laut alttestamentarischer Überlieferung Lots Frau einst verwandelt wurde. *Al bahr al mayyit* oder *al Lut,* »Meer des Todes« beziehungsweise »des Lot«, pflegen die arabischen Anrainer das Binnengewässer denn auch zu nennen. Bab edh Dhra immerhin gilt Archäologen als einer jener Orte der Zivilisationsgeschichte, in denen sich Ackerbau am frühesten, nämlich bereits um 9500 v. Chr., nachweisen lässt. Etwas merkwürdig mutet freilich die Tatsache an, das es offenbar zwei Versionen des verruchten Sodom gibt: Denn auch die Israelis behaupten, ein Sodom zu besitzen. Dieses aber liege, ebenfalls mit einer zu Salz erstarrten Frau ausgestattet, an ihrem, dem westlichen Ufer.

Ein Magnet für Sonnenanbeter, Baderatten und ganz besonders für Taucher ist Aqaba am gleichnamigen Golf. Knapp 300 Kilometer Luftlinie südlich von Amman gelegen und von mehr als 100 000 Menschen bewohnt, ist die Hafenstadt als einziger Küstenort des Landes eine touristische Hochburg. Bereits vor fast 3000 Jahren wurde in seiner Bucht, in der sich heute auf engstem Raum vier Staaten, Ägypten, Israel, Saudi-Arabien und Jordanien, nahekom-

men, wertvolles Kupfer gefördert. König Salomo schuf hier einen Seehafen. Auch für die Römer und im Mittelalter für die Mamelucken war der Ort ein strategisch wichtiger Stützpunkt. In der jüngeren Geschichte machte Aqaba dank Lawrence of Arabia Schlagzeilen. Als Anführer beduinischer Freischärler eroberte er 1917 die örtliche Festung im Handstreich von den Osmanen und sicherte damit den Waffennachschub für die Briten. Noch vor zwei, drei Jahrzehnten war der Ort, der sich eines gesegneten Klimas mit Wintertemperaturen von kaum jemals unter 20 Grad erfreut, ein beschauliches Städtchen – wichtig vor allem als Ausfuhrhafen für das Phosphat aus der nahen Wüste und die Pottasche vom Toten Meer. Seither sind rund um das historische Fort jede Menge Shoppingmalls und entlang der gerade einmal 20 Kilometer langen Küste ausgedehnte Resortanlagen mit Fünfsterneherbergen, Jachthäfen, Golfplätzen, Aquaparks entstanden, kurz: eine modernsten Ansprüchen genügende Infrastruktur. Hauptattraktion Aqabas ist, sieht man von dem sanft geschwungenen Sandstrand und der vom überwiegend blitzblauen Himmel strahlenden Sonne ab, die traumhafte Unterwasserwelt. Weit gereiste Taucher rühmen die hiesigen Riffe, in denen Aberhunderte verschiedene Korallen- und tropische Fischarten heimisch sind, als eines der faszinierendsten Reviere der Erde.

Wohlfühlen am Toten und Roten Meer

Attraktionen
Baden im Toten Meer bzw. in den Spa-Hotels an dessen Ufer in Suweima oder Hammamet Main; am Unterlauf des Jordan: Archäologiepark in Bethanien rund um den Ort, in dem Jesus getauft wurde; Jordaniens »Grand Canyon« – das Wadi Mujib, Salzformationen – u. a. »Lot's Frau« in Bab edh Dhra und Numeira, Kreuzfahrerburg Kerak.

Aktivurlaub
Canoying und Trekking, naturkundliche Exkursionen und Eselsritte im Eco-Sports-Park von Hammamet Main oder im Wadi Mujib; jährlich im April: Marathonlauf (www.deadseamarathon.com); therapeutische Bäder und Schlammpackungen am Toten Meer; schwimmen, segeln, angeln und vor allem tauchen in Aqaba.

Übernachten
Mövenpick Resort & Spa Dead Sea, Sweimeh, Dead Sea Road, Tel. 05-3561111, www.moevenpick-hotels.com, DZ ab 200 €. Auch wenn Ökologen wegen des akuten Wassermangels im Jordantal mit Recht die Nase rümpfen: Das hoteleigene Zara-Spa ist einfach ein Hit – 6000 qm groß mit In- und Outdoor-Poollandschaft, Thermarium, Hammam und äußerst vielfältigem, in 22 Behandlungsräumen verabreichtem Relax- und Therapieangebot. Hinzu kommen die Lage am und der Blick über das »Meer«, der Charme der dorfähnlichen Hotelanlage und der perfekte Service.

Evason Ma'in Hot Springs & Six Senses Spa, Hammamet Main, Tel. 05-3245500, www.sixsenses.com. Traditionsreicher, auf höchsten Luxus getrimmter Hotelkomplex, nach aufwendiger Generalüberholung Anfang 2009 wieder eröffnet, spektakuläre Lage zu Füßen steiler Felsen und Wasserfälle direkt an den Quellen; umfangreiches Wellness- und Therapieangebot; tagsüber Zutritt zu den Quellpools gegen Gebühr auch für Nichthotelgäste.

Spezialtipps
Schluchtenwanderung 2,5 bis 4 Std., p. P. je nach Schwierigkeitsgrad 8–30 €; 30-minütige *Bootsfahrt* auf dem Toten Meer, für 10 Personen ca. 33 € (in beiden Preisen Reservat-Eintritt inbegriffen). Buchung über das Visitor Centre in Mujib (s. u.). Trockenen Fußes die faszinierende Unterwasserwelt von *Aqaba* genießt man an Bord eines *Glasbodenboots*. Ausflugsfahrten starten direkt am öffentlichen Strand, werden aber auch von jedem besseren Hotel vermittelt.

Informationen
In Aqaba: Tourism Office neben dem Fort, Tel. 03-2013363, www.aqaba.jo
In Mujib: Visitor Centre nahe Mujib Bridge, Tel. 07-77422125, www.rcon.org.jo

»Ahlan wa sahlan!« – in arabischen Häusern, wie hier im Oman, sind Gäste stets herzlich willkommen.

Anhang

Touristische Vertretungen

DUBAI DEPARTMENT OF TOURISM AND COMMERCE MARKETING (DTCM)
Bockenheimer Landstr. 23
D-60325 Frankfurt am Main
Tel. 069-7100020, Fax 71000234
www.dubaitourism.ae

ABU DHABI TOURISM AUTHORITY
Goethestr. 27
D-60313 Frankfurt am Main
Tel. 069-29925390, Fax 299253911
www.visitabudhabi.ae

SHARJAH COMMERCE AND TOURISM DEVELOPMENT AUTHORITY
c/o Eyes2market GmbH
Fasanenstr. 2
D-25469 Rellingen/Hamburg
Tel. 04101-3709240, Fax 370733
www.sharjahtourism.ae

OMAN, MINISTRY OF TOURISM
c/o Interface International GmbH
Karl-Marx-Allee 91a
D-10243 Berlin
Tel. 030-42088012, Fax 42256286
www.omantourism.de

JORDAN TOURISM BOARD
Hamburger Allee 45
D-60486 Frankfurt am Main
Tel. 069-7191360, Fax 71913651
www.visitjordan.com

Weder Jemen noch Katar, Bahrain und Kuwait sind in Deutschland durch eine touristische Behörde vertreten. Reisespezifische Auskünfte erteilen – in begrenztem Maße – die Konsularabteilungen der Botschaften.

BOTSCHAFT BAHRAIN
10785 Berlin, Klingelhöfer Str. 7
Tel. 030-86877777
www.bahrain-embassy.de

BOTSCHAFT JEMEN
10787 Berlin, Budapester Str. 37
Tel. 030-8973050
www.botschaft-jemen.de

BOTSCHAFT KATAR
14193 Berlin, Hagenstr. 56
Tel. 030-862060
www.embassy-qatar.de

BOTSCHAFT KUWAIT
14193 Berlin, Griegstr. 5–7
Tel. 030-89730057
www.kuwait-botschaft.de

Deutsche Botschaften in ...

BAHRAIN
Manama, Diplomatic Area 317, Shaikh Hamad Causeway 668, Alhasan Building
Tel. 00973-17530210
www.manama.diplo.de

JEMEN
Sanaa (nahe Hadda Road/Outer Ring Road)
Tel. 00967-1-413174
www.sanaa.diplo.de

JORDANIEN
Amman, 25 Benghasi Street, Djebel Amman
Tel. 00962-6-5930351
www.amman.diplo.de

KATAR
Doha, Al Jazira Al Arabiya Street 6, Fareej Kholaib Area
Tel. 00974-4876959
www.doha.diplo.de

KUWAIT
Kuwait, Abdullah Al Salem, Area 1, Avenue 14, Branch of Al-Yousef Street, Villa 13
Tel. 00965-22520827
www.kuwait.diplo.de

OMAN
Muscat, P.C. 112 Ruwi (nahe Al-Nahda Hospital)
Tel. 00968-24832482
www.maskat.diplo.de

VEREINIGTE ARABISCHE EMIRATE
Abu Dhabi, The Towers at the Trade Center, West Tower, 14th Floor
Tel. 00971-2-6446693
www.abu-dhabi.diplo.de

Telefonieren

Bahrain: 00973*
Jemen: 00967
Jordanien: 00962
Katar: 00974*
Kuwait: 00965
Oman: 00968*
Vereinigte Arabische Emirate: 00971

Bei den mit * markierten Ländern ist die Rufnummer direkt nach der Landesvorwahl zu wählen.

Websites

ALLGEMEIN ZUR ARABISCHEN WELT:
www.d-a-g.org (Deutsch-Arabische Gesellschaft)
www.zenithonline.de (Zenith – Zeitschrift für den Orient)
www.qantara.de (Qantara.de/Dialog mit der islamischen Welt)
www.dmg-web.de (Deutsche-Morgenländische Gesellschaft/DMG)
www.al-bab.com (Al-Bab/An Open Door to the Arab World; engl.)
www.i-cias.com (Encyclopedia of the Orient; engl.)
www.chj.de (über die Arabische Schrift und Sprache)
www.islam.de (Zentralrat der Muslime in Deutschland e.V./ZMD)

1

1 Botschaftsgebäude in der Capital Area von Muscat. **2** Münzeinwurf in einem solarbetriebenen Parkometer in Dubai. **3** Ein golden kolorierter Koran, feilgeboten im Suq al Milh in Sanaa.

LÄNDERSPEZIFISCH:
(mehrheitlich auf Englisch)

Bahrain
www.bahraintourism.com (Tourismusministerium)
www.bahrainguide.org (privater Tourismusanbieter)
www.bahrainthismonth.com (aktuelles Veranstaltungsprogramm)

Jemen
www.djg-ev.de (Deutsch-Jemenitische Gesellschaft)
www.yementourism.com (staatliche Tourismusbehörde)
www.yementimes.com (Yemen Times)

Jordanien
www.visitjordan.com (Jordanische Tourismusbehörde)
www.d-j-g.com (Deutsch-Jordanische Gesellschaft)
www.jordanienonline.de (umfassende Seite zu Landeskunde, Politik, Tourismus u. v. m.)
www.jordantimes.com (The Jordan Times)

Katar
www.qatartourism.gov.qa (Tourismusbehörde)
www.experienceqatar.com (privates Reiseportal)
www.thepeninsulaqatar.com (englischsprachige Tageszeitung)

Kuwait
www.kuwait-info.com (umfassendes Portal des staatlichen Informationsbüros)
www.kuwait.kw (Website der Regierung)
www.kuwaittimes.net (Kuwait Times)

Oman
www.omantourism.de (Tourismusministerium)
www.deutschoman.de (Deutsch-Omanische Gesellschaft)
www.omanobserver.com (Oman Daily Observer)

Vereinigte Arabische Emirate
www.dubaitourism.ae (Department of Tourism and Commerce Marketing/DTCM; dt.)
www.dubai.ae (The Dubai Government Department)
www.visitabudhabi.ae (Abu Dhabi Tourismusbehörde)
www.sharjahtourism.ae (Sharjah Tourismusbehörde)
www.uainteract.com (News und Info der Nationalen Medienbehörde; dt.)
www.gulfnews.com (Gulfnews/Tageszeitung)
www.khaleejtimes.com (Khaleejtimes/Tageszeitung)

Literaturempfehlungen

Lexika und Nachschlagewerke
Khoury, Adel T./Hagemann, Ludwig/ Heine, Peter: Islam-Lexikon A–Z. Geschichte – Ideen – Gestalten, 3 Bde.; Freiburg i. Br. 1991
Weiss, Walter M. (Hg.): Die Arabischen Staaten. Geschichte, Politik, Religion, Gesellschaft, Wirtschaft; Heidelberg 2007
Weiss, Walter M.: Schnellkurs Islam; Köln 2008
Hottinger, Arnold: Die Länder des Islam. Geschichte, Tradition und Einbruch der Moderne; Zürich/Paderborn 2008

Allgemeine (Religions-)Geschichte
Bürgel, Johann Christoph: Allmacht und Mächtigkeit. Religion und Welt im Islam; München 1991
Endreß, Gerhard: Der Islam. Eine Einführung in seine Geschichte; München 1997
Grunebaum, G. E. von: Der Islam im Mittelalter; Zürich/Stuttgart 1963
Haarmann, Ulrich (Hg.): Geschichte der arabischen Welt; München 2004
Noth, Albrecht/Paul, Jürgen: Der islamische Orient. Grundzüge seiner Geschichte; Würzburg 1997

Zu den Anfängen des Islam
Scheck, Frank Rainer: Die Weihrauchstraße. Von Arabien nach Rom – Auf den Spuren antiker Weltkulturen; Bergisch Gladbach 1995
Jansen, Hans: Mohammed. Eine Biographie; München 2008
Nagel, Tilman: Mohammed – Leben und Legende; München 2008

Zum Koran
Nagel, Tilman: Der Koran. Einführung, Texte, Erläuterungen; München 1991

Nasr, Seyyed Hossein: Ideal und Wirklichkeit des Islam; München 1993
Paret, Rudi: Mohammed und der Koran. Geschichte und Verkündigung des arabischen Propheten; Stuttgart 1957

Kulturgeschichte
Balmer, Heinz/Glaus, Beat: Die Blütezeit der arabischen Wissenschaft; Zürich 1990
Brandes, Jörg-Dieter: Spuren im Wüstensand. Die Geschichte der Beduinen vom Jemen bis zum Maghreb; Stuttgart 2001
Chebel, Malek: Die Welt der Liebe im Islam. Eine Enzyklopädie; München 1997
Chebel, Malek: Symbole des Islam; Wien 1997
Faroqhi, Suraiya: Herrscher über Mekka. Die Geschichte der Pilgerfahrt; München/Zürich 1990
Heller, Erdmute/Mosbahi, Hassouna: Hinter den Schleiern des Islam. Erotik und Sexualität in der arabischen Kultur; München 1993
Rudolph, Ulrich: Islamische Philosophie. Von den Anfängen bis zur Gegenwart; München 2004
Thesiger, Wilfred: Die Brunnen der Wüste. Mit den Beduinen durch das unbekannte Arabien; München 2008
Weidner, Stefan: Erlesener Orient. Ein Führer durch die Literaturen der islamischen Welt; Wien 2004

1

Weidner, Stefan: Mohammedanische Versuchungen; Zürich 2004

Islamische Kunst
Gosciniak, Hans-Thomas (Hg.): Kleine Geschichte der islamischen Kunst; Köln 1991
Irwin, Robert: Islamische Kunst; Köln 1998
Naef, Silvia: Bilder und Bilderverbot im Islam. Vom Koran bis zum Karikaturenstreit; München 2007

Islamische Gesellschaft
Harms, Florian/Jäkel, Lutz: Kulinarisches Arabien; Wien 2004
Hottinger, Arnold: Gottesstaaten und Machtpyramiden. Demokratie in der islamischen Welt; Zürich 2000
Lewis, Bernard: Die Juden in der islamischen Welt; München 1987
Lüders, Michael: Allahs langer Schatten. Warum wir keine Angst vor dem Islam haben müssen; Freiburg i. Br. 2007
Lüders, Michael: Im Herzen Arabiens; Freiburg i. Br. 2006
Mernissi, Fatima: Der Harem in uns. Die Furcht vor dem anderen und die Sehnsucht der Frauen; Freiburg i. Br. 1994
Nagel, Tilman: Staat und Glaubensgemeinschaft im Islam, 2 Bde.; Zürich 1981
Tworuschka, Monika: Die Rolle des Islam in den arabischen Staatsverfassungen; Walldorf 1976

Haus und Stadt
Bianca, Stefano: Hofhaus und Paradiesgarten. Architektur und Lebensformen in der islamischen Welt; München 1991
Nippa, Annegret: Haus und Familie in den arabischen Ländern; München 1991
Weiss, Walter M./Westermann, Kurt-Michael: Der Basar. Mittelpunkt des Lebens in der Islamischen Welt; Wien 1994/2008

Sufismus
Schimmel, Annemarie: Mystische Dimensionen des Islam; Köln 1986
Shah, Idries: Die Sufis. Botschaft der Derwische, Weisheit der Magier; München 1976
Schweizer, Gerhard: Der unbekannte Islam. Sufismus – die religiöse Herausforderung; Stuttgart 2007
Steffân, Steff: Heilung des Herzens. Gespräche mit Sufilehrern der Gegenwart; Bielefeld 1995

Zeitgeschichte und Politik der Gegenwart
Al-Maaly, Khalid: Die arabische Welt zwischen Tradition und Moderne; Heidelberg 2004
Lüders, Michael: Im Herzen Arabiens. Stolz und Leidenschaft – Begegnung mit einer zerrissenen Kultur; Freiburg im Breisgau 2006
Munif, Abdalrachman: Salzstädte; München 2008
Munif, Abdalrachman: Zeit der Saat; München 2008
Perthes, Volker: Geheime Gärten. Die neue Arabische Welt; München 2002
Perthes, Volker: Orientalische Promenaden. Der Nahe und Mittlere Osten im Umbruch; München 2007
Steinbach, Udo/Ende, Werner (Hg.): Der Islam in der Gegenwart. Entwicklung und Ausbreitung – Staat, Politik und Recht, Kultur und Religion; München 2005
Steinberg, Guido: Das Netzwerk des islamistischen Terrorismus; München 2005
Tibi, Bassam: Die Verschwörung. Das Trauma arabischer Politik; Hamburg 1993
Tibi, Bassam: Das arabische Staatensystem; Mannheim u. a. 1996
Tibi, Bassam: Die fundamentalistische Herausforderung. Der Islam und die Weltpolitik; München 2003

Orient – Okzident
Hourani, Albert: Der Islam im europäischen Denken. Essays; Frankfurt am Main 1994
Hunke, Sigrid: Allahs Sonne über dem Abendland. Unser arabisches Erbe; Frankfurt am Main 1990
Hunke, Sigrid: Die Orientierung. Sternstunden deutsch-arabischer Begegnung; Stuttgart 1993
Rodinson, Maxime: Die Faszination des Islam; München 1991
Rotter, Gernot (Hg.): Die Welten des Islam. 29 Vorschläge, das Unvertraute zu verstehen; Frankfurt am Main 1997
Schweizer, Gerhard: Islam und Abendland. Geschichte eines Dauerkonflikts; Stuttgart 2003
Spuler-Stegemann, Ursula: Feindbild Christentum im Islam. Eine Bestandsaufnahme; Freiburg i. Br. 2004

Zu einzelnen Ländern und Regionen
Ferchl, Dieter: Jemen und Oman; München 1995
Grüter, Roland (Hg.): Oman. Weihrauch und Erdöl; Luzern 1993

2

Heard-Bey, Frauke: From Trucial States to United Arab Emirates; London/New York 1982
Sobik, Helge: Tausendundeine Nacht im Übermorgenland. Luftschlösser in Dubai; Wien 2006
Köndgen, Olaf: Jordanien; München 1999
Rohrbach, Carmen: Im Reich der Königin von Saba. Auf Karawanenwegen im Jemen; München 2002
Steinbach, Udo/Hofmeier, Rolf/Schönborn, Mathias (Hg.): Politisches Lexikon Nahost/Nordafrika; München 1994
Steinberg, Guido: Saudi-Arabien. Politik, Geschichte, Religion; München 2004

Kleines Arabisch-Wörterbuch

Ain: Quelle
Bab: (Stadt-)Tor, Eingang
Bakschisch: von Gegenleistung unabhängiges kleines Almosen
Barasti: Palmenwedelhütte
Basar: persische Bezeichnung für Markt (arab. Suq); traditionelles Wirtschafts-, Handels- und Produktionszentrum jeder islamischen Stadt
Bait: Haus
Burj: Turm
Burqa: Ganzkörperschleier für Frauen, der nur für die Augen einen Sichtschlitz frei lässt
Creek: Meeresarm, Fjord (siehe: Khor)
Dalla: langschnabelige Kaffeekanne
Dhau: an arabischen und ostafrikanischen Küsten gebräuchliches Segelschiff mit lateinischem Segel für den Lastentransport
Dischdascha: knöchellanges, meist weißes Herrenhemd ohne Kragen und mit langen Ärmeln
Djebel: Berg
Dschambiya: arabischer Krummdolch
Emir: ursprünglich hoher Verwaltungsbeamter, später auch Fürstentitel
Falaj (auch Qanat): vor allem in Oman und Iran, aber auch in der Sahara gebräuchliches Schaft- und Stollensystem, mit dessen Hilfe Quell- oder Brunnenwasser unterirdisch über weite Strecken geleitet wird
Hadith: Aussprüche und Taten des Propheten Mohammed
Hadsch: Pilgerfahrt nach Mekka
Hadschi: Mekkapilger
Hammam: öffentliches (Warm-)Bad in islamischen Städten
Harem: wörtlich »geweihter«, »geschützter«, »verbotener« Ort; gebraucht für die Frauen- bzw. Privatgemächer im islamischen Haus oder Palast
Hidschra: heimliche »Emigration« des Propheten von Mekka nach Medina/Yatrib im Jahr 622; Beginn der islamischen Zeitrechnung
Hijab: von vielen Muslimas getragenes Tuch, das Kopfhaar und Hals, nicht aber das Gesicht verhüllt.
Ihram: Weihezustand, in dem sich ein Pilger in Mekka befindet
Imam: ursprünglich Synonym für »Kalif«, den Leiter der Gesamtgemeinde, bei den Sunniten Vorbeter, bei den Schiiten auch Haupt und oberster Lehrer der Gläubigen
Kalif: geistiges Oberhaupt des Islam, wörtlich »Stellvertreter Mohammeds«
Khor (auch Creek): Fjord, Meeresarm
Mafradsch: Empfangsraum des Hausherrn im obersten Stock jemenitischer Wohntürme
Mahram: neutraler, »geheiligter« Ort
Maidan (auch Midan): Platz
Masdschid: kleine Alltagsmoschee
Medina: arabische Stadt, heute meist für Altstadt
Mihrab: leere Nische, die im Inneren der Moschee die Gebetsrichtung nach Mekka anzeigt
Minarett: der jeder Freitagsmoschee zugehörige Turm für den Gebetsruf
Moschee: islamischer Kultbau, in dem sich Moslems zum öffentlichen und privaten Gebet einfinden
Muezzin: Gebetsrufer
Qahwa: Kaffee
Qasr: Festung, Burg
Qibla: Gebetsrichtung gen Mekka
Sabkha: Salzsumpf an der Meeresküste
Samsarah: Zoll-, Lager- und Wirtschaftshäuser in jemenitischen Städten
Sayyid: Prophetennachkomme
Scharia: das islamische Recht, das nach moslemischer Auffassung die von Gott gesetzte, für die ganze Welt gültige Ordnung enthält
Scheich: mehrdeutiger Ehrentitel für eine Autoritätsperson; bei Beduinen normalerweise frei gewähltes Stammesoberhaupt; in Dörfern Ortsvorsteher; im geistlichen Bereich bedeutender Theologe oder Mystiker

4

Schischa (auch Narghile): Wasserpfeife
Sufismus: islamische Mystik; benannt nach dem Büßergewand aus Wolle, das ihre Anhänger, die Sufis, trugen
Sunna: mündliche Überlieferung von Leben, Wirken und Aussprüchen des Propheten Mohammed; für die nach ihr benannten Sunniten zweite Glaubensquelle nach dem Koran
Suq (oft auch Souk): Markt
Umma: Gemeinschaft aller Moslems
Wadi: normalerweise trockenes, nur selten, nach Regengüssen durchströmtes Wüstental
Zakat: Almosensteuer

1 Kalligrafie auf Glas, hergestellt im Kunsthandwerkszentrum von Manama. **2** Junge Omaner in der Oase Misfah auf dem Weg zur Schule. **3** Klümpchen von Olibanum, dem kostbaren Harz des Weihrauchbaums. **4** Fröhliche Mädchenrunde in Musandams Hauptstadt Khasab, Oman.

Register

Beduinenknabe nahe Al Qabil in den Wahiba Sands, Nordostoman.

Teppichweberin im Frauenhandwerkszentrum von Abu Dhabi.

Nachwuchskunden auf dem Markt von Sinaw, Oman.

Hotels

Impressum

Der Autor:
Walter M. Weiss, 1961 in Wien geboren, studierte Geschichte, Publizistik und Politikwissenschaften und arbeitete viele Jahre als Chefredakteur namhafter Zeitschriften. Parallel dazu unternahm er ausgedehnte Reisen. Seine Arbeitsschwerpunkte sind die islamische/asiatische Welt sowie die mitteleuropäische Kunst- und Kulturgeschichte. Weitere Informationen u.a. zu den mehr als 60 von ihm veröffentlichten Büchern unter: www.wmweiss.com

Der Fotograf:
Christian Heeb, 1962 geboren, ist einer der erfolgreichsten Reisefotografen weltweit. Seine Fotos und Bildreportagen erscheinen in Ma-gazinen wie »Abenteuer & Reisen«, »Animan« und »Grands Reportages«. Er ist Bildautor von über 100 Büchern und unzähligen Kalendern. Christian Heeb lebt auf einer Ranch in Bend, Oregon (USA). Er wird in Deutschland durch die Agentur laif in Köln vertreten. Seine Bilder werden international publiziert und ausgestellt. Mehr Infos unter: www.heebphoto.com.

Danksagung:
Walter M. Weiss bedankt sich bei Mara Kaselitz und dem Department of Tourism and Commerce Marketing/Dubai (DTCM), bei Renate Komes vom omanischen Pressebüro, der Agentur Interface Int. Und dem Ministry of Tourism in Muscat, bei Ahmed Mostafa und seiner Agentur Sadd Al Samallaghi in Jeddah, beim Jordan Tourism Board in Frankfurt und Amman sowie bei den Betreibern des Hotels Mövenpick (in Kuwait-Stadt), Ritz-Carlton (Doha), Kempinski (Amman), Arabia Felix (Sanaa) und Al Hawta Palace (Sayun) herzlich für die freundliche Unterstützung.

Christian Heeb bedankt sich für die freundliche Unterstützung im Oman bei Nomadic Adventures & Tours, Rashid al Mughairy, nomadiccamp@gmx.net, www.nomadidesertcamp.com; bei Frau Celeste Hoffmann, Ministry of Information, Sultanate of Oman. In Dubai und den Vereinigten Arabischen Emiraten bei Cultural Connections Dubai, United Arab Emirates, reiser@emirates.net.ae, www.culturalconnectionstourism.com;
beim Government of Dubai, Department of Tourism and Commerce Marketing, www.dubaitourism.ae. In Jordanien bei Nawafir Travel & Tours, Adnan Habbab Co., Tours in Syria, Lebanon & Jordan, http://www.nawafirtours.com und Karma House Travel, DMC – Jordan, www.karmahousejordan.com. In Jemen geht sein besonderer Dank an den Englisch sprechenden Guide für Süd-Yemen Abdulqadr A.Mahdami, Seiyun, Hadramaut, mahdami_guide@yahoo.com, Kontakt über: Al Hawta Palace.

Karma House
Travel & Tourism

Nawafir
TRAVEL&TOURS

Einbandfotos:
Vorderseite: The Chedi Hotel, Muscat, Oman (großes Bild); Beduinen in Wahiba Sands, Oman; Khailah-Palast, Wadi Hadramaut, Jemen; Beduinenzelt im Nationalmuseum, Al Ain, VAE (oben, von l. nach r.).

Bildnachweis:
Alle Fotografien stammen von Christian Heeb.

Zuschriften an den:
Bruckmann Verlag, Produktmanagement, Postfach 400209, D-80702 München
E-Mail: lektorat@bruckmann.de
Produktmanagement: Joachim Hellmuth
Textlektorat: Kristin Bamberg
Graphische Gestaltung: Werner Poll, München
Karte: Astrid Fischer-Leitl, München
Herstellung: Bettina Schippel
Repro: Repro Ludwig, Zell am See
Printed and bound in Slovenia by MKT Print, Ljubljana

Die Deutsche Bibliothek – CIP Einheitsaufnahme

ISBN 978-3-7654-4928-4